翻轉財富的人生練習

——全方位理財實踐版

詹惠珠 著

目錄

自序

教育可以翻轉貧窮，我至今深信不疑。

二〇一八年三月十一日，我從工作二十五年的經濟日報退休，退休的第一站我陪著母親、舅舅去柬埔寨，那是一個遠親表哥安排的行程，我們去一間學校捐米、捐錢，他們要我致辭，我言簡意賅的告訴小朋友：教育可以翻轉人生，鼓勵他們好好讀書，珍惜得來不易的教育資源。

我的出生很平凡，父親在報社開採訪車，母親是家庭主婦，靠著父親一份微薄的薪水養活我們四個兄弟姐妹，千金難買少年窮，我在很小的時候就對賺錢有概念，巴菲特會把可樂拿到風景區去賣較高的價錢，我小時候也會去批發成本三十元給人家抽獎的遊戲，如果完售可以收入四十元；印象中每次繳學費，父親都會去跟親戚借錢，看著父親的難為情，我立誓長大不要看別人臉色去借錢；我從小就不想當井底之蛙，夢想要出國讀書，但我知道家裡沒有能力支持我，我只能靠自己，所以我在大學的寒暑假開始打工，大學一畢業，先工作兩年，努力存錢，兩年後實現我的留學夢，一九九〇年，我第一次到美國舊金山，在美國的一號海岸公路上發現美國的月亮真的特別圓。

如果說平凡可以出頭天，我可以從貧窮的家庭翻轉，那我想我是作對了三件事：第一是腳踏實地，努力存第一桶金，第二是投資自己讀書，第三則是理財。從自己切身翻轉人生的三部曲，我覺得這個方程式是可以複製，雖然不是人人都能天生拿到一手好牌，但如果我們能把一手爛牌打好，就能發揮人生最大的價值，這是我寫理財書的起心動念。

在寫完這二十二堂人生的理財課之後，曾與出版社討論書名，其中高票落選的一個書名是《從百萬賺到億──一生必學的財務規畫》，為什麼是從百萬到億元的理財之路？雖然我研究所念的是財務金融，但我自己的個人理財是到了生完第三個小孩才開竅：三十五歲以前，我全心全力投入工作，完全沒有時間做個人理財，直到我的第三個小孩出生，我才意識到如果栽培一個小孩要花一千萬元，我生產報國生了三個，就必須要有三千萬，以我在報社的薪水，即使作到退休，大概也不會有三千萬元。

於是我三十五歲，當時只會傻傻的作定存，攢了三百萬的存款，起心動念是孩子的教育基金，開始了我的理財之路。

首先我算幸運，新台幣匯率從四十元兌換一美元一路走升到二十七元，我是在新台幣最強勢的時候出國念書，所以是花最少的台幣拿到碩士文憑。我記得自己一九九三年從美國讀完碩士回來當記者的第一天，就是去跑台灣被美國指控操縱匯率，三〇一法案的新聞；台灣公債市場的發展，第一期公債的標售是82－6（民國八十二年，一九九三年），當時的利率在八％以上，即使現在大家感覺被升息壓得喘不過氣來，但相較於過去，仍算是一個低利率時代；半導體雙雄台積電、聯電競爭最白熱化的時候我也躬逢其盛，甚至採訪過英國首相柴契爾夫人來台、在新加坡採訪過美國前國務卿季辛吉，在紐約世界日報時也曾採訪過當時是房地產商的美國總統川普，近三十年來你能想到最熱門的財經事件我幾乎無役不與，我很享受這樣一個觀察者和學習的角色，我熱愛我的工作，而把我多年工作的經驗所得，經過反思寫成一本簡單的理財書來跟大家分享，是讓我很快樂的一件事。

運用自己的專業能力，成為別人的助力，我希望自己傳播的理財哲學是一顆種子，能夠在需要的人心中萌芽，如果無數個挑燈夜戰的絞盡腦汁，一個觀念能變成讀者小小的貴人，那麼我就覺得自己是在作有意義的事。

在自己四十歲的時候出了一本《睡覺理財》，我當時的想法是每個人都應該拒絕當理財文盲，尤其在薪資所得成長緩慢的年代，更應該要理財，書名叫睡覺理財不是夢見明牌，而是告訴讀者理財可以像睡覺一樣簡單、自然，透過理財所獲得的財務自由就像一覺醒來後的通體舒暢，我在書中教讀者從生活中找啟示、從購物觀察趨勢、從周圍找寶藏、看展覽找投資趨勢、實行重大災難投資法、解讀訊息的玄機、近距離接觸大老闆等，我為淺顯易懂的理財書開了先河，帶動理財書籍的生活化。

十多年後再出理財書，已進入人生的下半場，文章的觸角更多元，包括金融商品的多元化，想要致富，從來不是只有買 0050 和 0056 這些簡單的事，資產配置相當重要；很多理財專家會告訴你借錢不好，但我認為理債也是理財重要的一環，尤其是在低利率的環境下，適度的財務槓桿反而是一種助力；另外我也加入了退休和預立遺囑，這個我們終究會面臨的課題；而我們身邊常有親友被騙，如何別讓詐騙吃掉你一生的辛勞很重要！

二〇二二年是金融市場劇烈動盪的一年，寫理財書更具有挑戰性，因為隨著時間軸，要不停的修改數據資料，如何抗通膨也有教戰守則，而在歷經了人類長達三年的浩劫——新冠疫情，我也分享了如何不要浪費一場好危機，當下次有類似的經驗法則時，你們會抓住財富重分配的機會。

我們在學校無論是跑馬拉松，或是參加戈壁挑戰賽，都有一句口號：「只要出發，就會到達。」理財也是如此，只要你跨出第一步，就能拉進你與財富自由的距離。

大家一起加油！

01 我今年的運勢如何？

我並不迷信，但我相信聰明的獵人是善於等待、掌握時機的。

在你開啟尋寶之路時，你總要看一下地圖，知道你所去之地是否有寶藏；旅遊時你也會看一下目的地的天氣，作好一切突發狀況的因應；那麼在你投資理財之路，看一下你今年的運勢如何，當然是非常必要。

投資是一門科學，也是藝術，它有時更是心理學，某個時候也是統計學。而算命論運是古人的一種統計哲學，投資有很多時候，我們會迷惘，這個時候找一位對實用易經哲學真正有研究的老師，看看我們當下的流年財運如何，是值得參考的。

我曾經陪著自己的好友去找一位老師，這位老師說中我的前世今生令我不得不信服，於是從那一年開始，我一年只找老師一次，請老師排一下流年流月，然後自己會作趨吉避兇的事，如果那個月份老師說夫妻會失和，那麼我在跟老公相處時，就會比較卒仔，事事尊重老公，不要強出頭，避免衝突，某個程度，它對婚姻是健康的。

所以每年年底去算一下隔年的運勢，會當成是自己的投資羅盤和指南針，如果老師告訴我今年的財運只有五十分，我就不會作困獸之鬥，因為我曾經因為自己的鐵齒付出慘痛的學費。

二〇〇八年的前一年年底，我一樣去找老師問「明年的運勢如何？」，老師開宗明義的說，二〇〇八年你的投資運很差，最好去玩，不要投資，老師給我台語的建議：「起逃卡贏拚命作」，意即最後白忙一場，不如去遊山玩水，如果買賣股票會輸一屁股……我一開始就說自己並不迷信，加上二〇〇八年的前五月，當年有總統大選，國民黨候選人馬英九的聲望如日中天，當時在股票市場可以說買什麼賺什麼，投資如魚得水，早就把老師的話拋在九霄雲外，還暗自評斷老師一點都不準……

接下來的故事就不用多說了，美國房地產泡沫，財務過度槓桿引發的全球金融海嘯，那一年就是總資產縮水剩下三分之一，我帶著懺悔的心去找老師，問老師為何這樣準，他說他不懂股票，但那一年很奇怪的是每個來找他的人，財運都很爛，包括我的財運也不佳，依照過去的經驗法則：有大事要發生，不宜貿然投資。

所以你能說算命是迷信嗎？那其實是一個統計哲學，從二〇〇八年的慘痛經驗過後，我的投資之路，我會佐以指南針，而這個指南針也確實讓我嘗到甜果，所以才會列在這本書的第一篇，知此知彼，我們在任何時候，都應該對自己所處的時空背景有所掌握。

如果你今年的運勢不錯，你在關鍵時刻或許可以積極一些，如果你今年剛好犯太歲，流年不利，你覺得你可以積極嗎？

老師在二〇〇七年年底預言了我個人在二〇〇八年那一年走空亡，會判斷錯誤，果然鐵口直斷；二〇一九年我的流年財運不錯，不會走空亡，不容易判斷錯誤，因為有這個大方向，當我在研究基本面之後發展出自己的一套投資邏輯時，我會對自己更有信心。二〇一九年是美國前總統川普干擾國際股市相當大的一年，國際金融市場往往因為川普發了一則 twitter 而風雲變色，但中美貿易戰的衝突，台灣受惠一直是我認定的主軸，因此我每一次都跟著川普的言行逆向，當國際金融市場隨川普的言論起舞，大盤重挫時我就買進看好的公司股票，一年下來投資績效打敗大盤，這不能不歸功老師告訴我二〇一九年不會判斷錯誤，在關鍵時刻給我的信心和冷靜。

二〇二二年初在《新聞挖挖哇》的節目上分享了過去找老師的經驗，我的FB上湧進上千個私訊要詢問老師聯絡方式的人，剎那間我明白原來很多人在人生徬徨無助時，總會尋找神祕的力量，因為它是一個輔助的工具，一個讓你能夠事半功倍的工具。

翻轉財富的人生練習

1. 聰明的獵人是善於等待、掌握時機的。
2. 投資是一門科學，也是藝術，它有時更是心理學，某個時候也是統計學。
3. 知此知彼，我們在任何時候，都應該對自己所處的時空背景有所掌握。

02

理財小白、小資族的救星ETF

我有一位不曾投資股票，害怕風險的朋友，最近買了國民ETF元大高股息（0056）參加配息，0056在十二天填息後，朋友開心第一次在股票市場上賺到錢。

一個朋友鼓勵自己有自閉症的孩子投資，要他每個月拿一萬元買0056，幾個月下來，那孩子發現買0056配的利息，是自己一個月四分之一的薪水後雀躍不已。

二〇二二年六月全球股災，台股一路跌跌不休，當股價指數跌破一萬四千點，市場瀰漫著一股悲觀的氣氛，對指數悲觀的預期看到一萬二千點，甚至連破萬點的言論都出現，然而股價跌深就是最大的利多，即使市場充斥著各種壞消息，但我個人認為股市不是買最低點，而是買合理的價格，雖然自己持股已經跌得有點六神無主了，但我跨出了人生第一步——我在台灣第一次出手買ETF，當時的想法很簡單，指數不會這樣一路無止境的下跌，於是我買了每股一百一十一元的0050，隨著國安基金進場，到目前寫書時，在一個月的時間已上漲到一百二十元。

上面三個例子告訴你，如果你不敢買股票，ETF是一個不錯的投資工具，把投資這件事讓專業的人來，你不用花大腦，就可以賺取比銀行定存好的報酬率。不懂理財的小白，小資族想存第一桶金，甚至股市老手想要分散自己的投資組合，ETF是一個很不錯的產品。

ETF（Exchange Traded Funds），中文稱為「指數股票型基金」，根據台灣證券交易所的定義，ETF是一種由投信公司發行，追蹤、模擬或複製標的指數的績效表現，在證券交易所上市交易的開放式基金。ETF兼具開放式基金和股票的特色，上市後可在初級市場進行申購或買回，它的操作方式與股票相同，在股市交易時間隨時向證券商下單買賣，就像買股票一樣，但交易成本卻比較低廉。

為何ETF是理財小白的救星，它有四大優點：一是簡單，你不用看懂財務報表，即使像台積電、大立光這種優績的公司有時在公布財報時，股價仍會出現劇烈的波動，要持有三十檔到一百檔股票的ETF同時因為財報大幅波動並不容易；另一方面不用選股，不用承受個別公司波動的風險，不會有賺了指數賠了價差的倒楣，只要買跟大盤連動高的ETF，一樣可以搭上股市上漲的便車。

二是透明，雖然ETF包羅萬象，但你只要上所發行ETF公司的網站，就可以看到這檔ETF的前五大持股，以及持股比重，投資人可以根據自己的喜好選擇ETF。

三是分散，ETF雖然買賣的方式跟股票一樣，但它的背後是分散到多檔股票，例如0050元大台灣50持股是台灣上市股票前五十大市值的個股，因此持股分散、穩定配息；0056元大台灣高股息證券投資信託基金，則是主打高股息，追蹤的指數為台灣高股息指數。在台股市值最大的一百五十家公司中，挑選未來一年預計現金股利殖利率最高的前五十名股票所組成，元大投信約每半年檢視一次，0056每年會配息，近三年的現金股利都超過一元以上，平均的殖利率大約在四％至五％；00692富邦台灣公司治理100基金，挑選台灣上市股票中公司治理排名前一百名的企業做為持股，也就是近期企業和法人相當重視的趨勢主流ESG，ESG

中的E、S、G分別代表著環境保護（Environment）、社會責任（Social）和公司治理（Governance），這三項指標的重點在衡量企業是否善盡環保、社會與公司治理責任，代表其一家公司的永續經營能力和程度，如果你也是ESG的擁護者，就可以選擇這一檔ETF。

四則是成本低，雖然ETF的分散效果如同購買共同基金，但基金的手續費比較貴，而ETF的手續費跟股票一樣只有千分之一．四二五，網路下單還可以打折，且它像買股票一樣有彈性，而交易稅也只有千分之一，比股票的千分之三便宜。

理財的一個核心思想就是不要把所有的雞蛋放在同一個籃子裡，ETF就可以分散投資風險，你可以把ETF想像是一個菜籃，而這個菜籃裡面包含了台灣前五十大企業的優質股票，今日你買了一張ETF，好比買到市場上五十檔的優質好股。再者小資族買不起高價股，也可透過持有ETF的方式擁有，例如小資族想要買護國神山台積電，除非買零股，否則一張動輒要五十萬，不過如果你買一張 0050，就可以下降到十二萬，但十二萬對小資族而言仍不算便宜，但如果買同樣有配置台積電的 00692，則只要三萬。EFT 可以實現你想要擁有好公司股票的夢想。

ETF 除了可以像買股票那樣單筆買進外，投資人也可以用定期定額，每個月扣款買進一定的股數，或是一定的金額，長期下來，它會平均你的買進成本，一位閨蜜她從二〇一八年九月開始每個月定期定額投一萬元買 0056，她告訴我三年來價差和配息她賺了大約四〇%，這種存股的方式，懶人投資術，可以輕鬆創造被動收入。

曾有專家分享自己的研究，他指出就算有人很倒楣，買進 ETF 的進場點是在股市的高點，但定期定額的方法也會把他買進的成本作高低平均。他舉例，如果在金融海嘯前進場買進與指數連結的 ETF 0050，指數在二〇〇七年海嘯前最高九千八百五十九點附近進場，即使金融海嘯下跌到三千九百五十五，但你每個月規律的扣五千元，到了二〇一一年指數漲回九千二百二十點，雖然大盤指數看起來還沒解套，但如果是定期定額買進，只要有紀律，有耐心的每個月扣款，獲利已逾二〇%。

ETF的種類包羅萬象，有市值型、產業型，主題型、配息型（需要現金流的投資人）、槓桿型以及債券型的ETF，你可以根據自己的喜好挑選，例如你看好電動車產業，看好新能源市場的發展，可以找到相關的ETF，台灣的股票市場是我自己熟悉的市場，因此我的投資組合中很少有ETF，但對於海外我不熟悉的市場，ETF是一個很不錯的工具，例如疫情前在中國開戶，中國銀行的理專希望我能作一些金融商品，中國的企業我很陌生，但對中國要推動電動車的決心是知道的，於是我購買了中國與新能源相關的ETF和共同基金，結果這三年來，中國股市因為中美貿易摩擦表現的乏善可陳，但我意外發現我投資的電動車相關ETF竟然漲了兩倍，而這三年來我什麼事都沒有作，只有當初開戶時買了一筆新能源車的 ETF。

金融市場的理財商品包羅萬象，很難面面俱到，即使人家稱呼我理財專家，我不得不承認也有我較少涉略的領域，而 ETF 就可以彌補這方面的空白，二〇二二年美國聯邦準備理事會（FED）拚命升息打擊通膨，通貨膨脹年增率在七月已有從高點下滑的現象，現在全球都在密切關注何時 FED 升息到盡頭，屆時債券市場就有機會淨值和利息兩頭賺，我對債券的了解不如股票，與其研究各種美國公債、投資等級債券、非投資等級債券（俗稱的垃圾債券），也許投資美國債券相關的 ETF，等來到下一次降息循環時，就可以收割了，靠著 ETF，我並沒有白白浪費一場好危機。

我自己嘗到 ETF 的甜頭是來自於我不熟悉的國外市場，起源於我要存小孩的教育基金，就是要存錢讓孩子去國外讀書，我以 ETF 起家，結果三個小孩都大學畢業了，我的教育基金有增無減，現在這筆教育基金已經變成我的退休基金，這就是長期投資的力量。

為什麼我會投資ETF，因為我只有概念，卻不知要如何選股，從二〇〇四年起那時常到中國採訪，意識到中國快速的崛起，但當時對中國的股市、港股並不熟悉，ETF就能解決你對市場的盲點，我曾經在香港買過集合A股，B股和H股的ETF，以及當時在香港市場很紅的A50，它是追蹤上海和深圳證券交易所市值最大的五十家公司的股票走勢，透過ETF，我即使人在台灣，也參與了中國經濟的大幅成長。

二〇〇八年因為油價漲到一百四十美元以上時，我認為油價的趨勢終究會下跌，於是我進場買進看空油價的ETF，事後油價真的回跌到三十美元以下，如今我還買了中國電動車相關的ETF，透過ETF，可以讓你高枕無憂，不花大腦的投資全世界。

有不少理財專家都積極推薦 ETF，推動台灣 ETF 市場成長飛快，受益人在二〇二〇年三月首次突破百萬人大關，一年的時間在二〇二一年三月突破二百萬人，同年十月跨越三百萬人，二〇二二年二月一舉衝破四百萬人，面對如此快速成長的市場，你加入了嗎？

翻轉財富的人生練習

Tips

1. 股價跌深就是最大的利多，即使市場充斥著各種壞消息，但我個人認為股市不是買最低點，而是買合理的價格。
2. 小資族想存第一桶金，甚至股市老手想要分散自己的投資組合，ETF是一個很不錯的產品。
3. ETF的種類包羅萬象，有市值型、產業型，主題型、配息型投資人、槓桿型以及債券型的ETF，可以根據自己的喜好挑選。

03 雞蛋不要放在同一個籃子裡

理財最常聽到的一句話，就是「雞蛋不要放在同一個籃子裡」，換成專業的術語就是要懂得作資產配置。

很多人都以為資產配置是有錢人作的事，但事實並非如此，資產配置是根據自己對風險承受度、投資時間、資產狀況和投資目標，作出一份屬於自己的投資組合。有人說，都沒有錢了，還作什麼配置，然而是你的錢會隨著時間長大，且他們會以不同的形式長大。

理財的第一門功課其實就是要了解自己，身邊有一些朋友總以為股票好賺，聽了朋友的推薦就買了股票，卻沒有承受股票劇烈波動的能力，而容易追高殺低，不但沒有賺到錢，還賠上健康。

這好比我們到遊樂場，有的人特別喜歡坐雲霄飛車，享受忽上忽下的快感，但有的人卻只搭乘旋轉木馬，在音樂中享受安穩的轉動，所以在投資前，應先了解自己的投資屬性。

因此每個人的理財規畫表長得都不一樣，年輕人剛踏入社會，第一個目標都是存到第一桶金，一旦達到目標後，每個人的分歧點從此展開，有人成家立業，他面臨的是要不要買房的抉擇；有的人選擇投資自己，遠赴重洋去念書；但終其一生，你的資產形式不會局限在一種，它應該會是一個多元的組合，而你的資產也不會只有一種新台幣，而是走向全世界。

資產的類別包羅萬象，除了廣為大眾喜歡的股票、債券、房地產以外，還可以有外匯、原物料商品、貴金屬、收藏藝術品……而在大家的資產配置中，最常使用的就是股票和固定收益這兩項，這就是理財專員常會提到的股債比、股債平衡，我們將資產做分配，投資到不同資產類別，藉由分散投資來達到分散風險的目的，除了資產類別的分散，區域的分散有時也是必需的。

去美國念書的女兒有一次跟我聊天，聊到她的美國同學去過的國家比她還少，甚至在美國境內，去過的州數都比她還少，美元在全世界是領導地位，美國人往往認為他們就是世界的中心，但台灣因為地緣政治的因素，我們的金融市場特性是「先天下之憂而憂」，北韓試射飛彈，我們股市的跌幅往往比南韓還要大，歐洲流行禽流感，台灣股市會反應的好像就在自家後院，不同的金融市場因為文化背景而有所不同，因此了解台灣這樣的金融市場特性，我們所擁有的資產就不能完全是新台幣，這兩年台灣夾在美國和中國角力中，地緣政治的風險提高，外銀人士透露，國人確實有將新台幣資產比重下降的趨勢。

二〇二二年為例，美國為了抵抗通膨，採取激進的升息方式，但全球各地央行的貨幣政策上調不一，因而形成利差，造成資金不斷湧向美國，美元的需求上升，造成美元走勢一路升值，美元指數最高衝破一一三，舉凡英磅、歐元、日圓都呈現弱勢，在東京上班的女兒，領著日圓的薪水，五月份到舊金山家人團聚，她的購買力就大幅的下降；我五月份到歐洲去旅行，歐元來到歷史的低點，商品都變得便宜了，朋友從台灣去美國過境日本成田機場，她形容愛瑪仕的包包「超級」便宜，不買對不起自己。

上述的現象呈現二〇二二的外匯市場相當精彩，試想日圓從一百走貶到快一四五，等同日圓的資產縮水四〇%，如果今日一個日本人他所有的資產都是日圓，當他到國外時他會發現一切東西都變得好貴，因為他的購買力下降。今年新台幣即使貶值的幅度不如日本嚴重，但我們的理財都應該從台灣走向全球，不要重壓單一資產。

有一次我跟一位上市公司的老板打球，他有「四千萬美元的憂鬱」，幾年前當新台幣從三十一．五元兌換一美元升值到三十一時，他一口氣將所有的台幣換了四千萬美元，沒想到後來新台幣一路升值來到二十八，他成了一個沒有新台幣現金的窮人，錯誤就在於他把全部的雞蛋放在美元的籃子裡。

其實資產配置有時也是根據需求而來，讓我走出台灣的是因為要存孩子的教育基金，因為學費是要用美元付款，所以我開了一個美元帳戶，開始投資ETF；

當第一個孩子去國外念書時選擇的是東京，我就有日圓的需求，還在東京買了小套房，等於持有日圓的不動產，為了不承受太多的匯率波動，這個不動產是有貸款的，所以即使日圓今年大幅貶值，等於我持有的不動產帳面價值下跌，不過因為我有日圓貸款，這是一種自然規避匯率風險的操作，一邊是資產，一邊是負債，自然平倉，如果當時我用現金買進日本房子，現在把房子賣掉，也許以日圓計價的房地產增值一〇％～十五％，但換回來的新台幣則比之前匯出去的錢還要少，這就是被匯率給吃掉了資產增值的獲利。

匯率是你在作資產配置不能不考量的風險，幾年前有不少投資人為了賺取南非超高的利率，買進南非計價的資產，這些人最後因為南非幣的大幅貶值都鎩羽而歸。

作了資產配置之後，馬上就會被問到股票和固定收益有沒有最好的黃金比例？事實上理財沒有標準答案，完全是一種量身定作的概念，值得一提的是決定資產配置時，年齡是一項重要考量因素。隨著年紀越大，相對能承擔的風險越小。

因此規畫股票與固定收益的比例配置，比較簡單的方法可以根據年齡來決定。

作好資產配置也不是一成不變，而是要根據金融情勢隨時作調整，二〇二〇年大家受困於疫情，生活有很大的衝擊和改變，但在股市卻是充滿驚奇的一年，很多人在金融財務投資上都有不錯的成績，全球各主要金融市場都大漲，有人的投資獲利更是以倍數計算，但由於股票市場漲到超出一般人的預期，所以有不少泡沫、崩盤的聲音出現，但全球的資金氾濫，資金派對還沒有那麼快散場，當時我的想法是，既然資產的水位在高檔，就會增加二〇二一年操作的困難度。

我當時告訴自己，美國一・九兆的紓困計畫通過之後，看起來很有可能「沒有下一次」了；蠢蠢欲動的通膨，更讓美國聯準會在確認疫情緩解後停止無限QE或升息，因此要相當留意貨幣政策的變化，這可能導致資金行情可能告一段落。當我定調二〇二一美國貨幣政策隨時可能要收手，會是相當難操作的一年，我當年的重點就不是挑什麼股票，而是有沒有做好資產配置。

我們心自問，如果你在股票市場上賺了錢，你會不會想抽離？二〇〇八年的金融危機後各國央行印鈔票，這次疫情又不斷的救市，資金在各個金融市場上亂竄，股票、黃金白銀等資產價格、比特幣大漲，布蘭特原油衝破六十美元，比特幣漲到四．四萬美元，在在說明資金氾濫，那下一個該擔心的就是蠢蠢欲動的通貨膨脹……

然而在台灣的投資工具很有限，所以當有一群人動了要資產配置的念頭時，再加上水泥、鋼筋、人工……都全部上漲，你覺得有機會買到便宜的房子嗎？因此我在二〇二一年初是有撤出部分股票的資金轉向房地產，金融市場產品的轉移，也是資金配置的一環。

金融市場沒有人是神，事後來檢驗我的資產配置似乎提早了一年，因為二〇二一年依然是一個大多頭的行情，股市的大幅修正直到二〇二二年上半年才發生，但透過資產的配置，的確可以把個人承擔的風險大幅的下降。

翻轉財富的人生練習 Tips

1. 要懂得作資產配置。資產配置是根據自己風險承受度、投資時間、資產狀況和投資目標，作出一份屬於自己的投資組合。
2. 資產的類別包羅萬象，除了廣為大眾喜歡的股票、債券、房地產以外，還可以分為股票、外匯、原物料商品、貴金屬、收藏藝術品……
3. 規畫股票與固定收益的比例配置，比較簡單的方法可以根據年齡來決定。
4. 匯率是在作資產配置不能不考量的風險。

04 如何在通貨膨脹中保全資產

一場新冠疫情（COVID）持續了三年，各國邊境封鎖，但我很幸運的連續三年在歐美旅行，可以第一手觀察從美國到歐洲的後疫情時代，二〇二二年四月到美國可以明顯感受到物價的飛揚，三個人上牛排館點的相當節制，一個晚上連小費要花掉五百美元，加油每加崙已出現六美元，足足比前一年多了一倍；到了歐洲，阿姆斯特丹的uber司機從機場開始一路抱怨油價太貴，哥本哈根的機場計程車司機說普丁瘋了，一路上所有的人都在抱怨油價太高，如果當時夠警覺，就可以避開六月金融市場的一場大殺戮。

二〇二二年原本全球的人已準備與病毒共處，疫情可望接近尾聲，卻沒有想到年初發生了重大的黑天鵝事件，正當大家普遍認為不會開戰的俄烏戰爭爆發，這是七十七年來歐洲大陸第一次重大的戰爭，而參戰國正好是世界上的核能大國和大宗商品出口國，造成油價、糧食價格的上揚，成了蠢蠢欲動通貨膨脹的催化劑，甚至是壓垮通膨的最後一根稻草。美國六月份的通貨膨脹率高達九・一％，創下四十一年來最高，讓過去慢半拍的美國聯準會不斷的展現鷹派的決心，FED的信譽掃地，為了亡羊補牢，採取「追趕式」的升息方式，一年內共升息七次，總計十七碼，更不惜犧牲經濟成長率要打擊通貨膨脹。除了美國之外，不斷飆升的全球能源和食品價格導致近六成發達經濟體的年通貨膨脹率超過五%，這是從一九八〇年代末以來的最高水平，而一半以上的發展中國家的通貨膨脹率超過七%，一場俄烏戰爭，等於向全世界輸出通貨膨脹。

為何各國中央銀行都聞通貨膨脹而色變，到底什麼是通貨膨脹？它又會如何影響你我的生活？通貨膨脹表達的是商品和服務價格上漲的速度，通常以消費物價指數（CPI）顯示。通貨膨脹率代表生活成本上漲幅度，同樣一百元，它所能購買的東西減少，可以支配的所得變少，等同於購買力的下降，簡單的說就是「錢變薄了」，如果你的薪水沒有跟著通貨膨脹調整，某個程度你等於被減薪，通貨膨脹會影響你我的生活。

高通貨膨脹率會讓政治不穩定的風險上升，因此各國政府都視通貨膨脹為洪水猛獸，而為了控制通貨膨脹，中央銀行和政府會有許多種宏觀調控工具，在教科書上最常用的方式就是中央銀行把基準利率調高，使得借錢成本更高，消費和投資就會降溫，進一步遏制物價上漲。這就是在今年五月你看到FED上演的戲碼，FED在二〇二二年如同趕進度的瘋狂升息，三月十七日升一碼；五月四日升息二碼；隨後分別在六月十六日和七月二十八日升息三碼，九月二十二日升息三碼，十一月三日升息三碼，十二月十四日升息二碼，使得聯邦資金利率來到四．二五%至四．五%，美國三十年期的房貸利率已超過六%，一般預期到二〇二二年底，FED計畫把聯邦基金利率升到五%以上，原本金融市場預期在連續的升息之後，二〇二三年有可能會出現降息救經濟，但FED主席鮑爾在八月份的傑克森洞年會偏向鷹派的演說，直接粉碎市場認為FED會很快反轉降息的預期，於是人們已開始擔心經濟會衰退，接下來要面對的將是企業獲利的下修，美國企業的裁員聲也開始此起彼落。

大家在享受了從二〇〇八年以來的資金派對後，如今面對的是一個相當具有挑戰性的環境，金融市場的投資環境更為複雜，包括歐洲大陸七十七年來第一次重大的戰爭，歐洲國家的能源依賴俄羅斯；有四十年來最高的通貨膨脹率；能源和大宗商品的緊縮可能持續數年；中國對新冠疫情的清零政策，持續擾亂全球的供應鏈；以及包括科技股、加密貨幣，非同質化代幣（NFT）等金融泡沫的破滅等多項挑戰。

因此二〇二二年上半年美股重挫逾二成，受升息影響，敏感的科技股更是慘不忍睹，而過去股票債券互為翹翹板的情況也逆轉，二〇二二年上半年因為通膨前利率在低檔，也讓債券市場表現是數十年來最差的狀況，黃金也難以倖免，在通貨膨脹快速竄升，第二季所有的投資項目都呈現大跌。

人們在高通膨時代，是否有自保之道？包括特定族群的股票、不動產、抗通膨債券和黃金是可以考慮的抗通膨的資產。

股票

當市場利率上揚時，會使股票的吸引力下降，利率是本益比的倒數，當利率上升時，投資人給予企業的本益比就會下降，這對成長股的殺傷力較大，例如今年科技股的修正遠大於傳統產業股，但仍有一些產業是可以抗通膨的，例如能源、基礎材料、不動產、公用事業，以及必須的消費品。

這一波通貨膨脹快速度上漲，背後主因是全球範圍的燃料、能源價格上漲，推動衣食住行等日常生活成本提高，俄烏戰爭開打後，油價快速衝上一百美元以上，石油公司大幅受益能源價格的上揚，股神巴菲特就一路增加西方石油的持股。

另一方面公共事業也是抗通膨資產，像是普羅大眾日常需要用到的東西，例如：水、電力、瓦斯……等等。公用事業在通膨時期受到影響相對都比較小，因為需求不會減少，同時也可以將成本轉嫁給消費者。而各種化工、建築、金屬、建材、木材等原物料的價格上升，生產製造廠商，和能源產業一樣，都會讓他們的利潤顯著增加。

通貨膨脹時期人們的購買力縮減後，消費上會有所抉擇，生活必需品包括食品、飲料、生活及家庭必須用品生產及銷售廠商較不受影響，因為是剛性需求，然而電子消費產品就可以延遲消費，今年全球手機銷售情況不佳，筆記型電腦也賣不好，因為他們都不是必需品，整個科技產業將面臨嚴峻的庫存調整的考驗。

不動產和不動產投資信託（REITs）

是另一抗通膨資產，在通貨膨脹時期，你可以直接購買不動產，也可以透過購買不動產投資信託（REITs）來投資不動產。

但預期利率向上的趨勢下，也會讓買方縮手，舉例而言，如果升息的預期存在，而人們持有房屋的成本增加，例如三十年期的房貸利率逾五％，這就會讓購屋者停看聽，美國紐約的房地產仲介告訴我，二〇二二年初，通常要出售的物件，必須加價才有辦法成交，而現在買方就比較有談判的籌碼。

如果擔心資產被通貨膨脹侵蝕，可以購買抗通膨債券（Treasury Inflation-Protected Securities，簡稱 TIPS），TIPS 是由美國政府發行，TIPS 的本金與美國消費者物價指數（CPI）連動，如果通膨增溫時，TIPS 的本金會隨之增加；通貨緊縮時，TIPS 的本金也會減少，利息部分則是不會變，藉由本金的變動，來影響投資人最終的報酬率，因此 TIPS 的優點可以有效抗通膨，避免其實際的收益受到通膨的侵蝕，且還能保本，即使發生通貨緊縮時，投資人至少可領回其面額，不會有本金上的損失。因此發行單位是美國政府，幾乎沒有信用風險。

對台灣投資人來說，購買抗通膨債券最方便的方式是買入抗通膨債券的基金或ETF，但因其交易價格由市場決定，因此還是會有虧損的風險。可以透過國內銀行或券商複委託或是直接在美國券商開戶購買。

黃金

常被視為是抗通膨的利器，當鈔票越來越不值錢時，黃金這個貴金屬還是相對能保有實際的購買力。

現金是在高通膨環境下是最快速貶值的東西，因此有人高喊「現金為亡」，但在二〇二二年上半年全球金融市場快速調整下，另一派風險控管人士則喊出「現金為王」，然而無論任何時刻，做好資產配置，分散投資標的，分散投資市場，如果你配置的資產有股票、債券、貴金屬、房地產、外幣等，在通膨發生時受到的衝擊會相對較小。

翻轉財富的人生練習

1. 高通貨膨脹率會讓政治不穩定的風險上升，因此各國政府都視通貨膨脹為洪水猛獸。
2. 特定族群的股票、不動產、抗通膨債券和黃金是可以考慮的抗通膨的資產。
3. 不動產和不動產投資信託是另一抗通膨資產。

05 如何把小錢變大錢

台語俚語：錢四腳，人二腳。但有錢人的思維跟大家想的不一樣，所以在他們的世界，錢並不難賺。

二〇二二年美國通膨上升的速度超出美國聯邦準備理事會的預期，為了抑制通膨，FED 採取超級鷹派的作法，從三月十七日第一次升息一碼，到十二月十四日已連續升息七次，總計升息十七碼，這種罕見的暴力升息，過去金融市場股票債券互為翹翹板的現象已不存在，而形成股債雙殺，不少債券平均跌幅動輒二〇%，雖然在上半年的時點看下半年依然會升息，通膨也在高點，但在 FED 激烈的手段下，經濟也出現降溫的現象，於是市場又開始預期在二〇二三年會啟動降息，但升息尚未到頂，而來年有可能降息，就為已修正過的債券創造了買進的時機。

最近有一位理專告訴我，有錢人都在把握債券價格周期的甜蜜點，二〇二二年升息來得又猛又陡，債券出現折價，如同二〇二〇年 COVID-19 在歐洲爆發，債券市場出現流動性風險，持有者瘋狂砍倉而出現大幅折價，當債券因金融波動出現折價，此時壽險公司等賺取固定收益的機構就會進場買進，因此當市場趨勢穩定後，會回歸債券特性，並在一段時間出現溢價，投資人如果在溢價時出售當時買進的便宜債券，他不但賺到利息，也賺到價券價格回升的資本利得。

根據 iShares iBoxx 投資等級公司債券 ETF（LQD）的走勢，二〇二二年上半年的跌幅逾一五％，當市場預期通貨膨脹將要從高點開始滑落時，市場預期FED 升息的速度會變緩，此時就會有大部隊的資金開始湧向債券市場抄底，國內兩大金控國泰金控和富邦金控所持有的國外債券的部分在二〇二二年第一季都創下新高，國泰金控的債券部位比重高達五九．九％，富邦金控也有五四．六％。他們在債券市場修正時大幅加碼美國長天期公司債。

這就是贏家的思維，事實上我周圍的朋友也嗅到這種賺錢的味道，我有一位閨蜜，她根據債券的周期認為，現在買進折價的投資等級債券，一旦 FED 開始降息之後，這些公司債會回到原來溢價的軌道上，屆時她不但可以賺到穩定的債息，利率下降，債券價格上揚，她還可以賺到資本利得，於是她告訴她的理專，她要以賺資本利得為主，債息為輔，所以在選取的投資等級公司債標的中，選擇折價最高的公司，她選了一檔折價二〇％的公司債，但利率約有三・八七五％的公司債，她有信心從升息循環到降息循環時，她就可以收割。

攤開過去債券價格的周期，可以看到有四次出現較大幅度的折價，分別是二〇〇八金融海嘯發生；二〇一五中國人民幣熔斷，美國開始升息；二〇一八年中美貿易戰開打；以及二〇二二FED升息，美國的聯邦資金利率往上調整，使得債券的吸引力大幅下降，但根據過去的經驗，價格的周期終究會從折價回到溢價，只要你投資的公司債沒有發生倒閉的信用風險，所以在金融亂世中，投資等級的債券特別受青睞。

寫到這裡，你只學了第一步，你還不知道有錢人是如何在有限的風險中把錢變大，他們的胃口不會只滿足於賺穩定的四％至五％的利息，他們會透過一層一層的操作，讓整體的收益率變大。

假設你有五十萬美元的自有資金要買進公司債，一般人可能就停留在第一層，例如我們買進台積電的公司債，它的目標到期利率為四．二三％，即是你買五十萬美元的公司債，一年賺二萬一千一百五十美元的債息。

但有錢人會適度的用財務槓桿，於是在第一層的交易完成，他會把買進的五十萬美元台積電的公司債作抵押，一般而言，以台積電的投資等級，銀行會借你八五％，但我們以保守操作為原則，向銀行借七五％，即是你可以借出來三十七萬五千美元，如果在台灣操作，銀行會借你新台幣，貸款利率約是一．八％（這存在匯率風險和利息成本），於是有錢人再以這三十七萬五千美元，去買目標到期利率有四．八％的波音公司債，第二層，有錢人必須付六千七百五十美元的貸款利率給銀行，但他賺到一萬八千美元的債息。

有錢人不會只滿足於第二層的操作，通常他們會再往下作，這個第三層就是拿波音的公司債去抵押，以波音的債信，銀行借給他五成的資金，於是這次他借到十八萬美元的資金，一樣借新台幣資金，利率一．八％，他付給銀行一年三千二百四十美元的貸款利息。

而他拿到這十八萬的資金，去買目標到期利率有五．二％的威訊通訊美元公司債，這一筆公司債，一年的債息有九千三百六十美元。

當然你是可以繼續作下去，把你原本有的五十萬美元變成一百萬美元的資產，讓原本不到五％的債券利息可以倍增到一○％，我們來看看剛才的金融操作，創造了多少的年報酬率，他的總債券利息收入是二萬一千＋一萬八千＋九千三百六十＝四萬八千三百六十，而他的成本是六千七百五十＋三千二百四十＝九千九百九十，作了三層交易，用五十萬的本金，一年賺了38370（48360-9990）的債息，年化報酬率為七．六七％，如果繼續作下去，整體的報酬率會再往上提升。

雖然債券的風險不如股票，是賺取穩定的利息，但在錢變大的過程中仍潛藏著風險，首先這種操作在債券溢價時的風險相對高，因為價格在高檔就承擔著債券價格下跌的風險，不過目前的環境是債券價格處於折價，風險相對較小。

再者當你把公司債抵押時，為了享有低成本的資金，銀行借給你的是新台幣，如果在國外的私人銀行，甚至有可能借的是利率不到一%的日圓，但由於公司債是以美元計價，因為就承受著美元與你借款幣別之間的匯率風險，但因美國的升息循環，市場普遍的共識是美元易漲難跌。

最後就是你選擇公司債的信用風險，通常這種操作會選擇投資等級的債券，如無意外，這些公司都能永續經營，因此你在第一層金額最大時所選的應該是風險較低的公司債。

行情總在悲觀中誕生，雖然是股市名言，也同樣適用於債券市場，債券在二〇二二年上半年歷經慘跌後，是給長期投資人帶來機會，可好好把握！

翻轉財富的人生練習

Tips

1. 有錢人都在把握債券價格周期的甜蜜點。
2. 有錢人不會只滿足於賺穩定的利息，會透過一層一層的操作，讓整體的收益率變大。
3. 行情總在悲觀中誕生，雖然是股市名言，也同樣適用於債券市場。

06 不要浪費任何一場好危機

投資人還在股神巴菲特一生未見的美股四次熔斷中驚慌未定，對未來的經濟下修、失業率驟升、產業悲觀之餘，美股的電商大廠Amazon和台灣的富邦媒股價同步創下歷史新高，因為疫情而讓多數中產階級生活型態改變下，這場持續進行快三年的疫情，造成財富大大的重分配，耳邊響起了英國前首相邱吉爾說：「不要浪費一場好危機！」

二〇二〇年三月正當歐美疫情最嚴重的時刻，我在美國加州念大學的兒子跟我說，他們學校全部要改成線上上課，我的第一念頭給他的回應是：要趕快買Zoom這家公司的股票，當天晚上Zoom的股價還在每股一百美元初頭，結果很快的，就因為疫情帶動居家工作及上課而爆紅的視訊會議平台（Zoom Video Communications），在當年八月底公布上一季季報，營收大幅成長三．五倍，公布當日的股價直衝四百美元大關，而台灣與其相關作視訊設備的圓展和圓剛的股價也跟著水漲船高。

當時社會上瀰漫著對未知病毒的恐懼，而在社群媒體上也播放著一位歇斯底里的媽媽自訴四個小孩在家裡上課，搶著用兩台電腦，讓她快要抓狂的影片，那一陣子，也許你周邊的朋友會告訴你最近他們買不到筆電，原本成長停滯的NB和PC市場，卻因為遠距教學和在家上班，推升筆電、wifi需求，讓筆電的相關零組件也受惠，一家筆電的零組件說，原本NB廠採購會要求零組件廠要逐季降價，但當時價格可以維持，且全產能開出也無法滿足客戶的需求，當時只看到下一季的筆電需求仍然看好，訂單能見度高，但沒想到是好到二〇二一年。

同樣的現象也反應在航運產業，原本大家都覺得產業的發展要被新病毒打敗，誰料各國邊境封閉，人員無法移動，那就變成物品移動，原本供過於求的航商開始出現搶船、搶貨櫃，運價節節高升，長榮、陽明、萬海三大貨櫃公司在二〇一九年的合計獲利不到七億元，其中陽明還虧損逾三十億元，但到了二〇二一年，貨櫃三雄的總獲利高達逾五千億元，其中陽明獲利逾一千六百億元，如此天壤之別的獲利可說是新冠疫情的最大受惠者，股價自然也漲了超過十倍。

二〇二〇年三月的愁雲慘霧，沒有太久就換來電子產業的眉開眼笑，新冠肺炎疫情重創經濟，對餐飲和交通是不利，但疫情反而對部分的電子產業有幫助，包括在家上班、遠距教學讓筆電的銷售意外大好，推動了筆電相關零組件業績大好，還有電玩、遊戲的需求也跟著變大，加上疫情讓供應鏈斷鏈，零組件價格上揚，讓科技產業大發利市，而大家瘋搶晶片，更是造就了半導體的榮景。

水能載舟，亦能覆舟；美國有一檔因為疫情快速崛起，卻也在疫情趨緩之後出現大跌，除了 Zoom 以外，二〇二〇年出現一家被視為健身界的 Netflix 的新星——Peloton Interactive,Inc. Peloton 在疫情期間崛起，主打一個簡單的概念：健身正在進入家庭，因為疫情，愛運動的美國人無法上健身房，形成一股旋風，股價在二〇二一年一月十五日盤中創下一百五十七美元的新高，就在大家都認為它是美國另一個宗教品牌的興起。

我們每個人多少有在健身房踩過跑步機的經驗，看的是預錄的影片，沒有真人與你互動，所以沒有太大的樂趣。但 Peloton 是一種創新的模式，它不只把飛輪腳踏車和跑步機賣給你，還把健身教練打造成網紅，創造粉絲經濟，你可以月付三十九美元，跟著老師和同學一起運動、競賽，在你不夠努力時老師還會喊出你的名字，要你加油！這種創新的模式在健身界首創，使得當年 Peloton 訂閱會員的續約高達九五％，比一般美國健身房會員的續約率只有七五％高出二十個百分點。

如果去觀察 Peloton 的 FB 社群，你會發現這種結合社群，網紅的模式，死忠的粉絲會造就一個「宗教」品牌的崛起，過去我們在美國的蘋果、愛迪達，強調不要棉花的 Under Armour 以及緊身褲外穿的 Lululemon，和哈雷重機等品牌，都可以看到支持者的忠誠，並以擁有此品牌感到帥氣、時尚，以及帶領潮流！

一旦宗教品牌的形成，其爆發力是相當強勁的，台灣投資人再熟悉不過的蘋果自不在話下，Under Armour，從二〇〇九年到二〇一五年漲了十四倍，Lululemon 從二〇一七年上市也漲了五倍，像 Peloton 這種創新品牌，從二〇一九年上市第一天的二十五美元，也快速的大漲。

Peloton 除了創新的商業模式吸引人外，又受到疫情的催化，在二〇二〇年的上半年結束，Peloton 的全球會員為三百一十萬，其中包括一百零九萬的訂閱會員，預估一年後會成長到兩百萬，且又有跑步機在歐洲開賣，以及亞洲市場的想像空間，持續了一年的好光景。

疫情創造機會財，Peloton 崛起於二〇二〇年受新冠疫情衝擊，全美各地健身房的關閉，但隨著大家接種疫苗和美國解封，美國人回到健身房下，再加上其產品爆出安全事件，又在美股步入熊市下，股價竟然在二〇二二年六月中跌破十美元。

新冠疫情是一場突發的危機，投資也考驗著人的應變能力，有朋友在馬英九政府時代看好陸客商機投資飯店，沒想到民進黨執政，兩岸的關係降到冰點，陸客不來，又遇上新冠疫情，夫妻倆已準備要燒炭自殺，沒想到念頭一變改作防疫旅館，一年就賺得笑呵呵，本來是四處跟朋友借錢的日子，第二年豪砸五千萬在台中再投資。

所以危機來的時候，我們的腦袋也要跟著轉變，事實在疫情之前，身邊有朋友早已開始在 momo 台買大型、有重量的商品，不用親自去賣場扛衛生紙或是米，在這次新冠肺炎疫情的恐慌下，更改變了購物習慣，不跑 COSTCO、大潤發，改從網路訂購生活必須品，使用的次數增加了，但他們唯一忘了購買的是自己使用的 momo 購物網所屬的富邦媒體科技的股票。

社會上有許多流行趨勢，只要你用心觀察，就可以發掘隱藏在生活背後的投資利基。

用心觀察社會現象，致富的機會唾手可得。

翻轉財富的人生練習 Tips

1. 疫情讓多數中產階級生活型態改變，造成財富的重分配。
2. 新冠疫情是一場突發的危機，投資也考驗著人的應變能力。
3. 危機來的時候，我們的腦袋也要跟著轉變。

07 教育值得投資

我們一生的投資，不一定是有形的資產，在無形資產中，我認為最值得投資的是教育。

我出身在一個清寒的家庭，我父親靠著在報社開採訪車的微薄薪水，要養活家裡四個小孩。從小我就嚮往出國念書，但我很清楚家裡的環境是不可能送我出國念書，於是我從大學開始就兼家教，寒暑假去打工，把父母給我的學費存下來，當時銀行的利率都有八％以上，然後去申請台灣銀行免利息的助學貸款，這樣最初期的投資，讓我在大學畢業存了三十萬。本來就要利用這三十萬，已經申請到了巴黎第四大學的新聞研究所，但突然考上了經濟日報，父親擔心我留學的資金不夠多，勸我先工作再出國念書，於是我又工作了一年，總共存了八十萬就去美國念 MBA。

從我自己的經歷，驗證了「教育可以翻轉貧窮」這句話，且我至今深信不疑，在我現在有些能力回饋，我也是選擇贊助家扶的小孩。記得二〇一八年三月從職場退休到柬埔寨，有一位女士 Phymean Noun 因爲金邊街頭的孩子跟她說想要讀書，於是起心動念幫助他們，創辦了三個學校，有的是孩子已經念了大學再回來幫助其他的孩子，這種以自己微薄的力量換到孩子天真燦爛的笑容，那一刻令人感動！

我對教育的力量深信不移，於是我的理念是竭盡所能的培養自己的孩子讀書，而在這一點上面，我跟先生有共同的價值觀，我們不認為以後要留資產給孩子，於是我先生跟孩子說：「只要你們能念書，我都會幫你們出學費，但只要離開學校的那一天起，一切都要靠自己。」我的小孩在畢業前他們都特別緊張，也因此讓他們有驅動力找到工作，養活自己，沒有出現所謂的延畢和啃老。

有一次我接到二女兒從美國打電話謝謝我，她說很感謝我送她到美國讀書，因為她到了美國之後看到更優秀的人，她的視野更寬廣，知道人外有人，她要更努力！對於小孩懂得感恩，那是作父母最大的回饋，我的小孩比我幸運的是，作為父母的我們能夠供他們去國外求學，而這件事我一直認為是多給孩子一雙翅膀，讓他們可以飛得高一些，飛得遠一點，人生可以有多一些選擇。

而事實上眼界的開闊，也可以化為實質的收入，兩個女兒在大學時就和國中同學在 IG 創了一個美食平台，現在有超過四十五萬粉絲，是美食平台的第一名，女兒跟我分享，她們在 IG 上有先進優勢，就是她當時去美國時，台灣的年輕人還在使用 Facebook 時，國外的年輕人已上 IG 了，所以她們很早就在 IG 開立帳號，分享美食，才能在此領域作到第一名。

事實上如何當個好父母是沒有標準答案的，小孩成長的路上我也不斷在摸索。我自己有三個孩子，在台灣的高中試了三種教育制度：學測、雙語、國際教育，實驗的結果，我不得不承認，外國人的教育理念是比台灣先進許多。

我記得女兒小學的考試，曾有一題：「基隆河流經台北市哪些行政區域？」這是一所台北市很多人追求的明星學校考題，結果考題跟我們中學時代背長江、黃河流經哪些省分、多瑙河流經哪些國家一樣老調，沒有變化，然而我兒子小學六年級轉去台北歐洲學校，曾有一個考試題目大概是，有一對虔誠的天主教夫婦，生了一對連體嬰，醫生的建議是要進行分割，但分割有九〇％能救活一個，這對父母因為宗教理由拒絕，但醫生基於救人的理由執意進行分割，雙方對簿公堂，這個情境的問題是如果你是法官要如何判決？這是一個國中一年級的考題。

又有一回，兒子童言童語來跟我說他很倒楣，他們的歷史功課分兩組要分析英國國王亨利八世，一組寫好的，一組寫壞的，兒子說壞的那一組十分鐘就可以完成，他分到要寫亨利八世的優點，想了一整個下午。兒子轉學後的第一年跟我說，在原來的學校念書很容易，功課只要抄，考試只要背就好了，但到新學校很累，因為功課和考試都要思考。

當一個高中畢業生要申請美國的學校，學校要看最重要的三個東西：一是從九年級到十二年級的在校成績、和 SAT 成績、一個是學生寫的論文申論

（essay），和你的課外活動。這是一種多面向來觀察一個學生，成績只是一個未來你是否能在我學校順利畢業的判斷之一，那是最基本的要求，學校透過學生寫的 essay，可以了解學生的特質，為何選擇這個學校，這個科系；而課外活動則是了解學生的興趣，領導力等，甚至如果這個學生有特殊才能，未來有機會可以榮耀學校。我就有一個姪兒曾因小提琴拉得相當出色，哈佛大學給他入學許可，而國中同學的兒子也因為音樂表現出色而進了普林斯敦大學。

事實上學測考試錯一題和兩題，有何差別？但在志願的選擇上卻天差地遠，我曾對台灣的教授寫過：「高中兩年半學生都在準備大考，卻要學生在一個月內決定自己想念的科系。」相當有感觸，我們都要在高中就決定自己要念什麼，而大學的轉系卻是難上加難，但國外的教育容許學生多去嘗試，發掘自己的興趣。記得兒子從小喜歡玩樂高，他也一直想讀建築系，但卻在外國教育中發覺自己有興趣的是商業，而即使他準備要學商，學校的 IB 課程設計時還是要選擇多元的課程，例如自然科學一定要選一科，最後他選擇了生物，且還是高階課程（high level），也拿了滿分七分，不會因為自己要念商，就完全放棄自然科學。

曾聽在鴻海工作友人的一段故事，應該就是對東、西方教育結果下一個好的註解：他說蘋果都派一些工廠沒有實務經驗，MIT或史丹佛大學畢業的工程師來鴻海工廠，往往他們就給你一張圖、一個創新的想法，天馬行空，但無論再難，中國或台灣的工程師都有辦法解決，這就是我們從小被訓練很強的解題能力，所以我們只能賺血汗的代工利潤，而最肥美的創新收益，都被蘋果給賺走了。

上一代的父母，會省吃儉用的想幫孩子買房子，但我認為給房子，不如給他一雙翅膀，讓他們多去探索自己的人生！

翻轉財富的人生練習 Tips

1. 我們一生的投資，不一定是有形的資產，在無形資產中，最值得投資的是教育。
2. 教育讓人視野更寬廣，知道人外有人，要更努力！更是多給孩子一雙翅膀，讓他們可以飛得高一些，飛得遠一點，人生可以有多一些選擇。

08 年輕人的房事

年輕人要不要買房，真的是見仁見智，有人追求生活品質，不願買房當房奴；但有人認為買房可以強迫儲蓄，付租金不如買房。我也曾經是年輕人，我是後者信仰的支持者，在結婚後不久就加入購屋付房貸的行列，直到我當了母親，小孩到國外念書，我也在當地買房，至於沒有買房的，都有悔不當初的感慨！

在我的理財生涯中，因為我熟悉的工具很多，所以投資房地產並不是我的興趣，買房都是有實際的需求，但我周圍的朋友有不少人不一定有很多理財的工具，卻都在房地產上賺到不少錢，讓他們相信房地產長期是不會跌的，而我從年輕走向中年，這似乎也成為了一種鐵律。

最近跟房仲業的阿K聊天，他提到自己的姑姑堅持不買房，十年過去了，他們家的資產就是比姑姑家多二千萬，四十初頭的他說：年輕人再苦都要買房。

我與先生剛結婚時，我們二個人的月薪合計不到十萬元，一九九四年結婚，當時我們住在親戚的房子，但想要買一間自己房子的信念支撐著我們省吃儉用，一九九七年我們看上了一間位於信義路四十三坪，屋齡十八年，當時的總價一千四百一十四萬元的房子，自備款要二百八十萬元，我服務的報社鼓勵員工買房，可以向公司貸款，無息房貸一百萬元，我們咬著牙買了人生第一間的房子，先生也曾抱怨薪水有大半部分都在為銀行打工，但夫妻同心，三個孩子陸續出生，又有好的學區可以就讀小學，現在回顧那真正是人生起步第一個正確的決定。

當時我們買房時，房價一坪大約是三十二萬元，在二〇〇三年 SARS 期間曾經跌到二十六萬元，我們鄰居中，有一對與我們年紀相仿的夫妻，把房子賣了，到遠東百貨附近的高樓大廈去租屋，事後卻非常後悔，因為他們無法再用相同的價格買回，且應該就是賣到那個時代的最低點。二〇〇六年我買了現在住處的預售屋，二〇〇九年搬到新屋後，我記得當時上《新聞挖挖哇》談房地產，房產專家還建議我可以把舊房子賣了，當時仲介開價是一坪四十五萬，他認為是難得的好機會，但先生堅持「不賣起家厝」的原則下並沒有出售。隨著捷運的通車，後來已有仲介來詢問是否出售，每坪的價格已經衝到九十萬。原來不到一千五百萬的資產，現在已增值到快四千萬。

看著上述成功的經驗，就可以知道我是支持年輕人買房，而年輕人買房最常遇到的問題就是資金不夠，所以我其實很鼓勵年輕人買預售屋，因為付款輕鬆，選擇有信用的建設公司推的建案，通常訂金、簽約金、開工款合計約是房價的十五%，剩下的工程款就分散在往後幾年，對於年輕人來說是比較容易的。

我的第二間房子就是因為生了三個小孩，想要換大一點的房子，又有資金上的考量，才會去買預售屋，而在一個房價上漲的趨勢中，當蓋屋的那三年中，房價也上揚了約二五%，後來甚至漲超過一倍，如果當時不買房，薪水上漲的速度是跟不上房價飆升的速度，永遠不要想等到錢準備好了再去買房。

年輕時候買房嘗到甜頭後，當大女兒到東京念書時，因為第一學期租屋離學校很遠，我心疼女兒在冬天下雪時要從學園宿舍騎腳踏車到車站，再搭火車到池袋車站後，再換搭地鐵到早稻田大學，於是就起心動念在東京置產的念頭，當時純粹是一種付租金不如買房的概念。買房要買蛋黃區是千古定律，於是我並沒有買在學校附近，反而是選擇女兒上學搭地鐵只要四站的千代田區，也算是日本東京二三區中的蛋黃區。

國際化的潮流下，已有不少學子到海外求學，而同樣會有海外房事的抉擇，大女兒去日本讀書，我買了房子，東京房子緩慢增值，即使女兒畢業後出租，仍有約四％的穩定報酬，而二女兒去美國洛杉磯念書，當時有購屋的念頭卻沒有行動，美國友人說，如果在女兒念大一時買了房子，四年後女兒大學的學費就可以用房地產增值來彌補了，只是千金難買早知道⋯⋯

但二〇二二年美國開始升息，日本依舊採取寬鬆的貨幣政策，日圓呈現大幅的貶值，日圓一度貶值到一美元兌換近一五〇日圓，等於日圓資產貶值了逾三成，匯率風險是國際房地產投資要注意的另一課題。

國人到海外置產的機會增多，這兩年日圓兌美元大幅貶值近四成，等於買日圓計價的東西或財產都變便宜了，於是又掀起外國客戶搶購日本資產，二〇二二年前九月，信義房屋（東京）的營業額已經大於去年。

事實上在二〇一九年疫情前，社群媒體上就常常有東京買房的資訊，過去身旁也有朋友到東京買房，以訛傳訛以為租金報酬率收益高達五％，但在日本房屋管理的費用高，且近幾年東京房市溫和上漲下，多數的實質租金報酬率已在三％以下，要有較高的報酬除非是十年至二十年以上的舊房或是蛋白區才有機會。

疫情前，台灣的打房和國內投資環境不佳，掀起一股錢進東瀛的熱潮，標榜租金報酬率在五％以上，可以打敗定存，尤其東京是全球最大的都市圈，而日本的房子又是實坪，相較下比台北還便宜的心態下，旅遊兼買屋投資在新冠疫情前相當流行。

但商人在強調高的租金報酬率時，那可能只是「名目」，對於隱含的管理成本都避重就輕，現在來談談在東京當包租公包租婆有什麼成本：

一、仲介費：一個月的租金加上一〇%消費稅。

二、租賃管理服務費：每個月租金收入的五%（外加消費稅）。

三、每年二～三月要報稅，如果人在台灣委託稅理士代為申報，費用約七萬到八萬日幣。

四、契約期滿若要續約，必須再支付租金的五〇%作為手續費。

五、客戶退租要再繳約一萬日圓的退租驗屋費。

但二〇二二年美國開始升息，日本依舊採取寬鬆的貨幣政策，日圓呈現大幅的貶值，日圓一度貶值到一美元兌換近一五〇日圓，等於日圓資產貶值了逾三成，匯率風險是國際房地產投資要注意的另一課題。

疫情後，因為日圓大貶，現在的投資人等於可以用前兩年的價格買到房地產，錢進東瀛又成為顯學，而日本買房的好處可以有以下四項：

一、日本房價計價採用實坪制，不含公設比且附裝修，不用強迫買停車位。

二、透明，中古屋大多不分仲介是聯賣制。成交行情透明，好的案件沒有殺價就成交的也很多，不像台灣還要見面談。

三、不用付履約保證金，沒有永久居留權也可以買。

四、現在日圓貶值，等於用兩年前的房價買房。

曾有讀者問我，現在在日本買房是要付現金還是貸款？三年前在日本買房的朋友，當時的日圓兌換台幣大約在〇．二八，過去三千萬日幣的房子約要台幣一千萬，但現在只要約六百六十萬，試想如果你現在出售三年前買的房子，也許房價漲了十五％，但你即使賣了三千四百五十萬日圓，在日圓貶到〇．二二時，你只能拿回新台幣七百五十九萬，所以這是賺了房價，賠了匯價，這就是付現金就要承受匯率風險的案例。但如果當時選的是日圓貸款，當你出售房屋取得日圓現金時，另一手還掉日圓的負債，這是自然避險，就沒有匯率的風險。

翻轉財富的人生練習 Tips

1. 年輕人買房最常遇到的問題就是資金不夠，所以很鼓勵年輕人買預售屋，付款比較輕鬆。
2. 薪水上漲的速度是跟不上房價飆升的速度，記得一條鐵律：永遠不要想等錢準備好再去買房。
3. 年輕人有能力一定要買房，即使沒有能力，也有沒有能力的買法，就是找長輩贊助，先求有再求好。

09 讀書是有用的

很多人問我：

畢業了，為何要去上課？

退休了，為何要去上課？

學習是一種著迷（obsession），超越對奢侈品的迷戀。「活到老、學到老」不是一句口號，它是我的人生哲學，所以分享我的經驗，讀書很有用，除了無形的精神價值，有形的資產提升也是學習的報酬。

一九九二年考完研究所最後一門課，我想此生都不用再考試了，同學一群人跑去紐約蘇活區慶祝……沒想到二十多年後又回學校為課業煎熬，二〇一六年四月十九日我完成台大EMBA論文口試後，我想以後真的不用再考試了，一群人再去三井宴……

但是竟然有同學相揪，一起去念博士班……原來，學習是會上癮的。結果我在二〇二一年又回學校上後E的課程，是一個跨領域、多元的課程——台大E勢洋。

有不少朋友問我，妳為什麼要去念 EMBA？

1. 妳已經在美國紐約念過 MBA。
2. 妳在台灣認識那麼多人，根本不用去 EMBA 找人脈！
3. 這把年紀了，在職場上更用不到台大的文憑。

通常我只是笑笑的回答他們「十八歲念不到台大，現在來念」或是「我要當小孩的 role model」，但經過兩年上課和一年的論文寫作後，我才發現同學間像兄弟姐妹的情誼是彌足珍貴的，這是在職場上講求效率和報酬體會不來的。記得入學新生訓練時當時執行長黃崇興所言，「你們會跟誰當同學，都是註定好的」，的確沒有一種關係是偶然的，EMBA 的隨機分組，我被分在第八小組，多元背景是我們這組最完美的組合，大學的領域有醫學、物理、法文、企管、統計。職業則來自醫界、科技、媒體、外商 HR，和投資銀行，大家不同的思維讓我們好幾個哈佛個案都拿下高分，更重要的是在這小組裡大家帶給彼此豐富的情感體會，就像兄弟姐妹，這是 EMBA 課堂上沒有教的事，我後來發現念 EMBA 讓我很快樂！

曾經在十八歲讀台大的夢想，在過了半百人生完成，我們一同在國內最頂端的學府學習新經濟、曾在台大醫院內科部辦公室小組討論到深夜、同學神奇的手和溫柔的打氣，助我攻上單車環島最困難的壽卡和北宜公路至高點，在地表溫度四十八度下走過茫茫戈壁……。三年來 EMBA 豐富的旅程，體驗人生太多的第一次：學習高爾夫球、打壘球、跑馬拉松、單車環島、泳渡日月潭和戈壁挑戰，更重要的是跟著一群有緣的同學一起完成。這種重新當學生的經驗真棒，這趟旅程如同登山，它是一種自我挑戰，目標攻頂，沿途可以欣賞美景；過程很辛苦，途中偶有氣候變化，遇上風雨，但有同伴互相加油打氣，彼此扶持；登頂後，雖然充滿成就感，但在群山中更看到自己的渺小而學會謙卑，然後帶著愉悅的心情下山，人好像經過一番洗禮。

EMBA 的兩年課程我修了五十個學分，我們 102B 全班同學在二〇一六年畢業典禮時更創下台大 EMBA 三年內最高完成論文紀錄，全班全力以赴。我們甚至成立了論文啦啦隊，同學情義相挺，老公開玩笑說：「怎麼看妳催論文都比寫論文認真？」他不知道老婆寫論文的時候他都在睡覺！那三年的學習，我真心要感謝先生在背後作我永遠的後盾，成就我個人的發展和尊重我的興趣，而我來讀 EMBA 的初衷就是要作小孩的 role model，他們也都能獨立自主，交出學習上的成果，這一切真的是太值得了！

世界變化的速度很快，必須要不斷的改變自己腦袋的思維才能與時俱進，一個人的能力有限，所以要靠別的腦袋成長，要站在巨人的肩膀上，才能有較佳的戰鬥位子。

念 EMBA 時選修了一堂「資訊科技與應用」，當時是討論亞馬遜（Amazon）的個案，當時二〇一四年十一月，剛好輪到我負責寫報告，因此有機會對這家企業花時間研究，在交出報告的同時，我跟同組的同學說這家公司可以投資，當時股價約四百二十美元，後來亞馬遜的股價在分割前衝上三千美元，讓我特別有成就感。有這種成功的經驗，會讓你更想回學校，再從老師那裡學一些功夫，尤其科技產業日新月異，應該要隨時跟上。

我也曾走進迪化街附近華麗的巴洛克建築，第一次到 Starbucks 寫作業，為了體驗一下為何價值三美分的咖啡賣給你三美元？Starbucks（美國作家麥爾維爾小說「白鯨」的大副名字）販賣的是一種體驗文化，為消費者提供「第三空間」，讓喝咖啡與生活方式畫上等號。這是一門「資訊科技與競爭策略」課程，我們學習科技在商業策略中扮演的角色，而我正要負責上台報告科技如何幫助 Starbucks 競爭，於是我找了一家有特色的門市，親自使用行動支付和檢驗 Starbucks 的企業文化，這種學習是不是很美妙？

接著就是台大E勢洋第二屆的課程，很多同學問我為何畢業了還要到學校上課，而且是沒有學分，沒有學位的課程，E勢泮的創辦人謝明慧教授說，E勢泮的課程是要給予學生有宏觀的視野，佐以哲學的思維，讓我們作跨域的煉心，協助學生未來能在企業或人生上作出較佳的決策。第一周上課的是創新創業模組，科技力量和商業模式的改變，是企業生存的黑天鵝，目前很吸睛的公司在五～十年後是否還能屹立不搖？前管理學院院長郭瑞祥老師的課程相當精彩，包括創業創業架構、企業第二成長曲線、和創新與轉型的策略思維，同時探討了創業型領導人與DNA，三位代表人物為特斯拉的伊隆・馬斯克（Elon Musk），台積電的張忠謀、Netflix創辦人里德・哈斯廷斯（Reed Hastings），畢業六年後再回學校上課，是一件美好的事！

E勢泮的課程為一年的時間，它跨領域，不只管理學，上至天文易經、下至心理學，師資陣容堅強。記得E勢泮最後一天課程講到家族傳承，包括從出生、結婚到死亡法律議題探討；共治年代下，華人家族企業如何跨越百年；家族企業如何跨越百年：默克家族傳承三百五十四年的祕訣；還有 Old wealth（侯雨利家族第四代）和 New money（麥味登）的對談，很嚴肅卻又實用的話題，我真心的推薦給我的好朋友，一個你不會後悔的選擇！

事實上有時老師的醍醐灌頂還會改變你的觀念，以前兒子念書時常打電玩，我會怒斥他為何不好好讀書……但他在二〇一九年美國超微公司（AMD）二十三美元的時候告訴我可以投資；股價後來在二〇二一年年底漲到一四五美元，又告訴我微軟發展一個新技術，可以讓電玩設備不夠好的人在打遊戲時一樣快；他還跟我分析 Nvidia 的價值，但我還是覺得打電玩不好……

但上了前 Google 總經理簡立峰老師的課，我才了解過去我認為不好的事，原來都是新一代年輕人的養分，簡老師說過去去圖書館找資料要兩小時，再把資料印出來要一小時，等到他拿回家時可能根本沒有力氣去讀，我們這一代熟悉的學習方式是一種高度沒效率的吸收知識；然而到了他兒子的時代，可能只要花一小時就可以完成我們上面的學習過程，新的一代是看 viedo 長大的，他們是平行思考，一次在電腦前要看十個視窗，所以閱讀速度比我們這一代快，他們可以把多餘的時間拿來休閒，近年最流行的元宇宙，有玩遊戲的人應該可以很快可以想像……我終於領悟到我不願意承認的事：原來打電玩有多重要！

上完簡老師的課，Facebook 執行長祖克柏親自宣示 Facebook 改名為 Meta，一個全新的時代在誕生，FB 根據用戶資料，發現每個人都有多元角色，如果一個人同時在電腦上看十個畫面，就會產生十種行為模式，換成電商經濟，全球七十億人就有七十億 x N 個商機，這應該是傳統的店長無法想像的世界。

一場三年的疫情不只是造成供應鏈的崩潰，或是成本上揚的通貨膨脹，也深深地影響人的價值觀，心理學老師告訴我們後疫情時代的價值觀是 well-being，equality，diversity 和 inclusion，而世界在變，企業的領導也要改變，後疫情時代的策略則是 resilience，flexibilitty，agility 和 risk management，企業的領導者不該把追求效率視為唯一，而是要有全人觀點的領導。

這些都是回學校學到的，一個月有兩天回到學校學習，掌握趨勢是幸福的事，優秀的老師可以打開你的格局，訓練你的思考力。而這些學習，會內化成你投資的養分，來到人生的下半場，不再需要靠「證書」來為自己背書，那是一種自己選擇的喜悅，可以見識到人生的另一個風景。

翻轉財富的人生練習 Tips

1. 讀書除了無形的精神價值，有形的資產提升也是學習的報酬。
2. 世界變化的速度很快，必須要不斷的改變自己腦袋的思維才能與時俱進。
3. 學習會內化成你投資的養分，見識到人生的另一個風景。

10

與時俱進的投資觀念——投資航運大獲全勝

誰也沒想到一場席捲全球的 COVID-19，會讓航運產業起死回生，台灣三家航運公司長榮、陽明、萬海在二〇二一年總共賺進了超過五千億元，而長榮的分紅更是令所有人羨慕，我朋友的先生在長榮上班，有一天起床，銀行的存摺多出六百萬，他們一度以為銀行作業錯誤！

銀行沒錯，這就是二〇二一年長榮海運員工平均在四十個月以上的年終獎金，我們雖然不是長榮的員工，但如果你抓到了這個產業的趨勢，依然可以乘風破浪。

我原是作科技產業研究，壓根不會去注意到航運產業，但當產業的供需發生變化時，有時就是一個因緣際會，讓你跟它巧遇。這因緣際會則是來自二〇二一農曆年在家追劇《王冠》，第二季有一集蘇伊士運河危機，因此當三月下旬發生長榮貨輪卡蘇伊士運河的「大排長榮」事件時，吸引我的好奇心，開啟我對航運業的研究，且認為是投資時機，因此三月二十六日分享給臉書的朋友。

好窄的運河，挖土機在大船旁好像玩具……

全球運輸網路的關鍵結點「大排長榮」，影響範圍將遍及全球：

每日近一百億美元的貨物，壅塞在一百九十三公里的運河之中。

每天約有一百九十萬桶石油透過蘇伊世運河運輸，占全球海運運油的七%。

起因於自然界的颶風，只能期待由大自然的力量解決：3/27和3/28是漲潮期，大自然的力量最省力，不然會真如網友所言，挖土機為「永遠挖掘」（Ever Digging）。

原本飆漲的運費日前開始走軟，但可能會因為這個事件再微漲，長榮的長賜輪卡關蘇伊士運河，責任歸屬不在長榮，屬於船東及保險公司理賠，並沒有太大的影響。

但全球運輸網大塞車，卻可能造成全球貨櫃船運輸供給大亂，在當時貨櫃船已經缺船之際，恐使運價再往上漲，對貨櫃航運公司更有利。

從護國神山到護國艦隊，你有啟發嗎？

隨後的三個月，我虛心的跟專業人士請教，打高爾夫球時也會跟科技業者請教貨櫃的情況，參加每一場有關航運、長榮、陽明的法說會，三個月下來，除了天道酬勤外，我耳邊也不斷響起在台大EMBA國際金融老師耳提面命的一句話：「讀書是有用的！」

如果我三月二十六日在臉書《睡覺理財》（我的第一本書書名）的這一篇PO文也引起你們的興趣，大家應該都享受到乘風破浪的快樂，只是有時候會像在搭海盜船一般驚險刺激……

如同當初的台積電一樣，總有人問我：「還可不可以買？」長榮在四十、六十、一百、一百二十元都不斷的問我這個問題，下面是我跟一位股市小白在二〇二一年五月的對話：

小白：惠珠姐，長榮一百元還可以買嗎？

我：法人估長榮今年 EPS 二十五至三十元（長榮在二〇二一年賺了四十五．五七元），你覺得呢？

小白：那本益比只有三倍，這不是送分題嗎？

於是這位小白在長榮一百元時去當了航海王，很短的時間獲利四成，但我身旁很多股市老手，去買本益比超過五十倍的 IC 設計股義無反顧，卻對航運股不屑一顧，冠了一個「景氣循環股」的大帽子，他們反問：「今年賺三十元，那明年呢？」

事實上從塞港這個事件一路的演變，法人也不斷上修貨櫃三雄的獲利，隨時掌握動態的變化，才不會陷於投資思維的窠臼裡。

時間不斷的行進，航運塞港的話題不斷，當長賜輪在蘇伊士運河的塞子拔掉後，所有在蘇伊士運河等待一周的貨輪全速前往各國碼頭，接下來就是形成三個月的大塞港，只要在網路上google「塞港」，就會發現全球的塞港像夢魘揮之不去，有中國第三大港深圳鹽田港，屋漏偏逢連夜雨，就在塞港難解下，二〇二一年五月二十一日有船員染疫；印度停工，即使近期復工，每天只能進出五千個貨櫃，是平常的七分之一；馬來西亞六分之一封城，工人無法到碼頭上班，人力不足，塞港壓力更嚴重，甚至還會發生香港的貨輪在高雄港撞上陽明海運碼頭的事件，網路迷因圖還作了哥吉拉作怪，在當時每個事件都推升貨櫃股股價上漲。

航運股的股價曾經在二〇二一年中到頂，但很多人還沉醉在基本面的亮麗的數字裡，從經濟學最基本的供需原理分析：

需求面：

一、二〇二一年三月美國零售商庫存銷售比再創新低，六月歐美普遍施打疫苗，各國進入解封，歐美經濟大復甦，卻可能發現沒有東西可以買，美國 ISM 製造業存貨指數，比金融海嘯還要低，歐洲的庫存水準也只有疫情前的三分之一，一般預估積極補貨要一年半到兩年的時間。

二、全球港口準時到達的準點率持續下滑，由於需求強勁，歐美貨櫃船準班率偏低，正常的水準都在七五%以上，但二〇二二年六月歐美的港口都幾乎在三〇%以下，根據二〇二一年四月的資料，歐洲的鹿特丹港甚至不到二成，美國第一大貨櫃港──洛杉磯港也只有二二．八一%，亞洲的更低，寧波的舟山港只有一一．七四%。

三、由於塞港嚴重，也造成出貨太難！甩櫃率逾五成。甩櫃是貨櫃停在港口上不了船，甩櫃率逾五成的概念就是有一半的貨櫃上不了船，貨櫃在碼頭滯留時間最長兩個月，被甩櫃的現象更是普遍。有的港口四月份的甩櫃率高達六四%、航運公司的甩櫃率高達五六%。

根據 ocean insights 最新資料顯示，中遠集團的比雷埃夫斯港（Piraeus）有五九％的貨櫃被甩；鹿特丹港的甩櫃率為五四％，比前一年同期成長二三％，部分原因是蘇伊士運河長達一周的堵塞。

供應鏈就像是一張非常複雜的網，任何節點的中斷都可能產生連鎖反應。從二〇二〇年到二〇二一年，缺櫃、爆艙、甩櫃，跳港、運費瘋狂上漲的現狀一直持續著。進入疫情引發的波動性的第三年，那些數字讓很多投資人以為仍在提醒他們，波動性和運力不足可能是新的常態。

如果從供給面著手，也有數字可以佐證：

一、貨櫃短缺、到二〇二一年六月的供給缺口大概有十二％之多，這是來自於航運業內判斷嚴重失準，原本大家認為封城將導致需求消失、船隻擱置，沒有繼續生產貨櫃的必要；但情況卻完全相反，不但需求直線上升，全世界的貨櫃已經快要用完，而需求太強，初步估計每年貨櫃的成長至少二〇%。

二、全球新船訂單處在低點，缺船才是長期的關鍵：航運業過去十二年經歷大空頭，貨櫃船的數量處在相對的低點，造成全球大缺船，航運一哥馬士基宣稱看好航運景氣，滿手現金不買新船，原因是它在二〇〇八年造了太多新船吃足了苦頭，因為決定要維持目前的運力，報價才不會快速下跌，根據 IHS Markit 的數據：二〇一九年新船訂單量降幅約一〇%，二〇二〇年新船訂單下降五〇%以上，跌至二十年來的最低點。

三、國際海事組織祭出限硫令，要降低碳排放，所有的船隻都必須加裝脫硫設備，另外很多舊船正在報廢中，全球恐將陷入大缺船，然而新運力增加卻緩不濟急。根據 AlphaLiner 統計，全球目前的運力 2389TEU（二十呎貨櫃），未來三年已下訂，還沒交船的有 295 TEU 三年新增運力只有十二%。

再聽聽航運業的聲音：

全球最大貨櫃輪營運商馬士基說，龐大自由現金流量促使該公司加速既有的十六億美元庫藏股計畫，未來兩年另將以五十億美元買回自家股票。他們預估航運服務瓶頸將會持續到二〇二一年底。

在貨櫃航運價持續飆上天價，海空運承攬業者台驊董事長顏益財發表「短期內都不可能抒解」的言論，且認為航運景氣不光是二〇二一年，二〇二二年還會延續榮景，他的名言「一張不賣、奇蹟自來」，「反向加碼、源源不絕」在網路瘋傳。

至於二〇二二年在船隊規畫上超前部署，可望成為這波航運榮景的最大受惠者的長榮，二〇二二年有三十艘船交船，三月底的法說上總經理謝惠全說：「審慎樂觀！」

這兩年來，航運的異運突起，因為很多老手用舊思維看，因而與創造財富失之交臂，更難想像長期躺平在二十元以下的股價會大漲到二百三十三元，因為時而有假消息攻擊，然而二〇二二年的航運定調：需求仍大於供應、歐美合約價格翻倍、塞港持續、全球貨櫃船舶準班率依舊偏低……兩年來搶船、搶港、搶貨櫃的一場危機，你上船了嗎？還是在二〇二二年下半年運價開始回跌時你心裡酸酸的說：「看吧！運價回跌了吧！」

即使長榮的股價在我寫這篇文章時回到減資前的一百五十元，但不容否認的，航運三雄曾打過美好的一役！

翻轉財富的人生練習

1. 隨時掌握動態的變化，才不會陷於投資思維的窠臼裡。
2. 供應鏈就像是一張非常複雜的網，任何節點的中斷都可能產生連鎖反應。

11 低利率時代，不要怕欠錢

你身邊一定有朋友很驕傲的跟你說：「我的房子完全沒有貸款，」我也曾在剛當記者時，一家傳統產業的老板很自豪的跟我說：「我們公司是零負債經營！」

是的，不欠債，這絕對是一件好事，你所有的投資都是自有資金，肯定可以高枕無憂，這是一件美德，但是你知道嗎？普羅大眾所崇拜的首富郭台銘，或是再早之前的台灣經營之神王永慶，攤開他們個人的財務報表，負債那一欄肯定會高得出乎你的意料之外，當然資產也會很嚇人！

普羅大眾的思維是盡量不要欠銀行錢，所以多數的人一有錢，領了年終獎金就會趕快去還錢，看到銀行負債減少很有成就感；但富人的思維卻不是如此，盡量的爭取銀行給他們的額度，他們不怕舉債，他們要用銀行的錢去賺錢。

曾經在被動元件大廠國巨的線上法人座談會，提到有一千萬股的歐洲可轉換公司債（ECB）要擇機發行，大約是可以募集到新台幣約六十億元，在此之前國巨透過發行海外存託憑證（GDR）募得六・五億美元的資金，是二〇一三年以來台灣最大規模的海外募資案。

突然有個非關法説會的想法，這些大企業和梟雄級老闆，他們用資本市場或是銀行的錢來壯大自己的王國，不止國巨，還包括台灣最績優的企業——台積電在同一年也通過發行六百億的無擔保公司債，外界猜測是作為前往美國設廠的資金，台積電也正式公告要前往美國設廠；鴻海也要募資五百九十億元，這些企業都在拿別人的錢OPM（other people's money）極大化企業的價值，為股東創造ROE。

記者生涯印象最深刻的是當記者的第一週，前輩帶我去拜訪一家傳統老牌的好企業，董事長很驕傲地告訴我：「我們是零負債經營的公司，」這家企業一直是該產業的績優生，無論在亞洲金融風暴、二〇〇八年的金融海嘯，或是後來的歐債危機都安然度過，但三十年來，它的股價很少超過五十元，現在股價不到二十五元，它平安的存活，但股價與上面所提的科技公司天差地遠。

當時政府開放新銀行執照，各大企業集團前仆後繼地爭取，為的就是要在企業主體之外，有一個金融機構作為後盾的操作空間，只是有心懷不軌的企業把這平台玩到流亡海外，或是身陷囹圄……

很多守本分的老百姓不習慣跟銀行借錢，以償還房貸為終生的目標，他們把辛苦賺來的薪水存在銀行，供這些企業使用，殊不知他們推崇的公司或企業家，就是靠著直接金融或是間接金融來壯大自己，這些企業或企業主聰明的跟銀行借錢，一方面創造比銀行利率更好的獲利，一方面不斷的併購、擴產，建造一個打國際盃的平台，這是 OPM 的最高境界。

回到個人，我有兩個朋友，就形成強調的對比，A君他買房「絕對」不要跟銀行借錢，所以他有足夠的錢才會去買房，因此多數只能買小套房，他與B君同時擁有二千萬，A去買了三間小套房，零貸款，B去買了一億的豪宅，預售屋，五年後當房價上揚時，A和B資產就落差了五倍。

雖然理債很重要，但這是一種人生的選擇，有人不喜歡太複雜，覺得欠別人錢睡不著覺，那就可以選擇過簡單的日子。我曾經也有一種「多財產多煩惱」的想法，過去因為小孩在日本念書買了一個一房一廳的房子，女兒大學畢業後，我也面臨是否要賣掉或是出租的難題，如果我賣掉，從此跟這個房子沒有關係，賺了小小的價差走人，但如果我擁有它，就要多花一份心思在上面，例如這個房子的市價大約一千五百萬元，我用持有的美股和美債向日本銀行借款，利息是〇・八%，就是我持有這間房子的資金成本是〇・八%，但把它出租的實質報酬率是五%，於是我就用日本銀行的錢，套利了四・二%。我曾問我一位擔任財經教授的學姐：我要用銀行的錢來持有不動產嗎？答案完全是見仁見智，就看你是否願意要去想負債的事，所以我才說理財的第一步你要了解你自己，當然我最後的選擇是繼續持有東京的房子，用銀行的錢賺錢為何不呢？

根據上述的例子，這個房子在二〇一五年是以五千六百萬日幣成交，而我跟日本金融機借錢的年利率是〇．八％，就是一年我要付出四十四萬八千的利息，而當時女兒如果租屋在學校附近，一個月租金是九萬日圓，一年的租金要付一〇八萬，試想我去買一個房子，我一年付出的利息遠低於房租支出，如今女兒畢業了，這個房子目前出租一個月可以收租二十五萬日幣，扣除成本之後，約是實收二十三萬，一年就有二百七十六萬元的租金收入，我等於用銀行的錢，一年可以賺逾二百三十一萬，而七年過後，這個房子也增值到了八千多萬日圓，從目前看來這是一個不錯的投資。

我有另外一個朋友也是善用銀行的資源投資辦公室和廠辦，最近她花了六千萬買汐止的廠辦，自付款一千二百萬，四千八百萬向銀行融資，以年利率二％計算，一年付出九十六萬的利息，但她的廠辦租給朋友，有穩定的租金收入，一個月收租二十萬元，一年的租金收入就有二百四十萬元，扣掉利息成本，實際收入約為一百四十四萬，如果以她只有拿出一千二百萬來看，報酬率高達十二％，等於有人在幫你存房子。

即使現在全球都在談論通貨膨脹的議題，今年已經開始升息，但目前仍是一個低利率時代，以目前的狀況，應該還不必懼怕負債，前提是如果你——

1. 不是借錢去消費。

2. 你賺錢的速度，穩定的現金流超過負債要償還的利息。

3. 你找到的投資理財商品年報報酬率可以超過房貸年利率的一．七％。

從企業到個人，舉債是一種催化劑，適度的舉債可以加速你達到追求財富自由的目的，在利低率時代，你還急著還房貸嗎？理債跟理財一樣重要，年輕人更該勇敢跨出買房的第一步！

翻轉財富的人生練習 Tips

1. 富人盡量爭取銀行給的額度，他們不怕舉債，他們要用銀行的錢去賺錢。
2. 攤開富人的財務報表，負債那一欄肯定會高得出乎意料之外，當然資產也會很嚇人！
3. 從企業到個人，舉債是一種催化劑，適度的舉債可以加速你達到追求財富自由的目的。

12

走出門，財富就在轉角處

要爭取財富，就不能宅在家！

雖然有人會說，現在網路無遠弗界，秀才不出門，能知天下事，但我比較相信田野調查，透過與人對話，刺激靈感，會撞擊出你意想不到的火花！

退休前擔任科技產業的記者，每天都要與不同的老板或是財務長對談，要了解產業的脈絡輕而易舉，但退休後，看報紙、電視採訪，都是二手傳播，無法精準的抓住核心意義，所以我的學習方式是參加考察團，老謝所帶領的金融家考察團是我初試啼聲的選擇，以老謝的知名度和他在財經媒體的地位，老板通常會親自接見，那時候就是你近距離接觸上市公司老板的機會。

還在職場的時候，受限於有自己負責的領域，不能輕易越過雷池，跨到同事的採訪路線很敏感，一旦離開職場，就可以天馬行空，可以選擇正火紅的產業，以及走在趨勢上的產業。

我在二〇一八年三月退休，二〇二〇年七月我開始了退休後第一次的參訪，我把它定調是生技產業門外漢的學習之旅，當年三月初義大利封城，全球陷入 COVID-19 的愁雲慘霧中，全世界都引頸期盼 COVID-19 的疫苗，一趟生技之旅打開了對生技的盲點，同時也憑著過去新聞專業的敏感度和對老板的了解，結束三天二夜的參訪團之後，我投資了一家參訪的公司，結果三個月的時間賺了一千萬。同時也因為參訪團獲取的知識，讓我勇於投資跟新冠疫情相關的國內外檢測、快篩、疫苗和解藥。

之後我又參加了風力發電、電動車參訪團，不但打開了我的視野，認識許多好公司，自然在投資上也有不錯的收穫，我曾對團費有些貴而有心理障礙，但事後發現知識無價，難以用金錢衡量，因此該投資自己時，請不要猶豫。

退休這幾年來（其實疫情就有兩年以上無法自由移動），我也參加了一個海外進修課程，那是我相當推崇的，它與我的旅行經濟學互相呼應。巴黎商學院（HEC Paris）的海外進修課程從一個我見故我在、朝聖和體驗開始，最後形成一種在生命中找到美好事物的意義與驚喜，這是台大 EMBA 的資源，真心希望以後還能一起去倫敦劍橋、以色列特拉維夫……，全球一起學習，無時無刻的學習。

即使在職場上打滾近三十年，到過法國無數次，（包括凡爾賽宮、遊塞納河的老調牙行程），但這一次一星期的旅程中，還是帶給我很多驚豔，讓我愛上這種學習的模式，行千里路勝讀萬券書，台大 EMBA 的海外課程是最佳的佐證。

我的驚豔來自四方面——

一、學校的驚豔：

以前申請 MBA 時，在國際較有名的 MBA 學校 ISNEAD（歐洲工商管理學校）曾是我的 dream school，但這次跟台大 EMBA 的海外課程來到巴黎商學院（HEC），才知道這家在一八八一年成立的巴黎菁英學校，是排名全球前十名的商學院，尤其在客製化課程已連續五年排名前三，HEC 歡迎晚宴和課程的始業式，HEC 的客制化課程負責人在歡迎晚宴上說了一個小故事：現在有不少菁英的 CEO 在面對外在的不確定性如墜五里霧中，過去十年可以作二至五年的規畫和風險規避，但未來卻連半年的風險評估都無法作，令這些菁英很憂慮，教授期勉大家，雖然不確定因素越來越難以掌握，但大家可以透過學習把自己隨時準備好面對變局。高手透過一個小故事就能一語道破大家的問題，是一個美好的開始。

二、企業尋求轉型，國內外皆然：

我在經濟日報採訪企業新聞時，最常接觸的課題就是企業的轉型和創新，過去會探討是水平整合好，還是垂直整合棒，但現今是整個產業的界限打破後，有無限的可能。第一天上午參訪全球最大的化妝品品牌──L'ORÉL 之後，下午參訪全球第四大的能源公司──TOTAL，現今全球各大企業都面臨產業的顛覆，積極尋求轉型，傳統的油公司要走出傳統的上下游垂直整合的模式，朝向電動車、再生能源、智能電網、能源服務……（還持續在摸索）等模式，並透過企業內的孵化器，以創投的方式尋找新的商業模式和新技術。

參訪全球最大的化妝品牌公司——L'ORÉL，接收到幾個重要的訊息反映趨勢，也與我過去的職場經驗相呼應。

1. 媒體廣告有四五％放在社群媒體。（傳統媒體遭到蠶食鯨吞）
2. 二〇〇五年以來L'ORÉL產品銷售額成長三八％，而二氧化碳排放量減少七七％，碳排放列為員工的KPI。（企業把環保、節能減碳視為重要企業文化的一環），從有越來越多的企業都開始講ESG來看，L'ORÉL可說是洞燭機先！
3. 一九九七年進入中國後，到二〇一八年營業額成長一百倍，旗下三十八個品牌有二十三個品牌在中國銷售，二〇二〇年在中國的銷售金額將會超過美國，成為第一。現任董事長正是一九九七年赴中國開

疆闢土的年輕小伙子。（中國的崛起，和中國市場是超級吸金器）

4. 與阿里巴巴、華為、蘋果、Google 等跨業結盟，共同開發臉部分析的技術。（消費與科技的結合，對大數據分析的需求）

5. 加大電商銷售的力度，結合線上線下的銷售。（Amazon 的發展引領風潮）

三、奢侈品的驚豔：

我不一定認為 Hermes 的包很美，很實用，但它的飢餓行銷搞得我（甚至很多人）把擁有 Berkin 和 Kelly 兩款包視為夢寐以求，這一次更讓我了解到原來奢侈品的背後是有很深的文化和歷史意涵的。

多數的人都愛品牌，但卻不知品牌的起源來自於社會的分層，法國是奢侈品牌的起源地，源自於宮廷現象，路易十四選擇一些人生活在一起，生活在羅浮宮、凡爾賽宮，用奢侈品，讓皇宮貴族作傻事，以致於無法搞陰謀，推翻國王。

由於奢侈品象徵財富地位，資產階級（現今的菁英）想要模仿貴族，啟發了大眾，形成涓滴效應，因此在歷史上可以看到路易十四的風格（穿紅色高跟鞋），在路易十五時風靡整個宮廷，在法國，奢侈品是華麗、創意傳承，生活藝術，是一種工匠精神。

在巴黎聽法國的教授講奢侈品牌，收穫很多，失望是一種趨動力，奢侈品牌引發一種欲望經濟。所謂的夢想公式（夢想＝品牌認知－購買），這種在奢侈品牌的管理，讓奢侈品牌可以每年以十五％的價格增長，而大家仍極盡所能的追求夢想，二〇一七年的銷售金額達到二千一百七十億美元。

有的奢侈品牌會透過藝術和宗教去商品化，例如 Dior 的 J'adore，買的不是香水，買的是女神的形象；借由宗教的符號，香奈兒 No 5 賣的是上帝之光；CHANEL 的形象廣告與印象派的野餐畫作結合，很多奢侈品牌談文化、談藝術、談旅行，就是不談銷售。

你有掉進奢侈品牌的「陷阱」嗎？

還是持續陶醉在這種消費者體驗中……

這是我上完課後，朋友調侃我是否繼續買奢侈品，我的回答則是，知道品牌精神和價值，就越買得理直氣壯！

出發前，我覺得十萬元五天的課程有些貴，但上完課、企業參訪完之後，真心覺得滿值得的，出門開眼界，財富會在你意想不到的時候找上你！

翻轉財富的人生練習 Tips

1. 透過田野調查，與人對話，刺激靈感，會撞擊出你意想不到的火花！
2. 知識無價，難以用金錢衡量，因此該投資自己時，請不要猶豫。
3. 不確定因素越來越難以掌握，但可以透過學習把自己隨時準備好面對變局。

13 旅行經濟學

有人說旅行是從自己厭煩的地方，到別人厭煩的地方，因為離開自己的舒適圈，到達一個陌生的地方，你的感官會全開，你可能會比在自己國家日復一日的日子聰明，因而有全新的體會，應用在投資上會有驚人的效果！

我最常分享的案例就是我是一個懶惰的媽媽，每次帶小孩出國都在帶大相機和小相機中作抉擇（當年還沒有手機相機這件事，年輕人可能難以想像）。有一次帶小孩去日本滑雪後暢遊東京迪士尼樂園，我看到日本人用手機照相，這可嚇壞我了，手機輕薄短小，手機照相機解決了我作媽媽的痛點，當時手機上有相機功能的不到一〇％，我想這一定會成為主流，要投資作手機鏡頭的公司，於是那次旅行回來，我投資了大立光，當時的股價約只有二百元。

隨後的故事大家都知道，現在要找到一支沒有相機功能的手機，可能相當困難，而手機鏡頭的畫素也不斷的進步提升，當時的大立光在幾年後躍登為台股的股王，股價最高時曾突破六千元，趨勢的力量就是如此可怕。

我還記得第一次買蘋果的股票，就是在國外看人使用蘋果的 iPad，它的螢幕比手機大，又比筆電輕巧，買了蘋果的股票賺的錢可以買很多很多蘋果的產品，這種使用者經驗是最準確的投資情報。而有一回帶孩子去賭城看秀，在排隊時，前面的美國人跟我搭訕，他的目的是要了解我們的手機公司——宏達電，那時我想連外國人都對宏達電有興趣，應該錯不了，結果回台灣之後買到三百～四百元的宏達電，且成功在一千二百元的時候出脫。

旅行中很容易看到趨勢，尤其在歐美、日本等先進國家流行的東西，台灣在後來也會跟上，二女兒的美食平台在 IG 上有超過四十五萬粉絲，她坦言當時去美國念大學時，台灣還在玩 Facebook，美國的年輕人已開始在玩 Instagram ，於是她們很早就在 IG 上建立美食平台，擁有先進者的優勢。

但你在旅行中看到趨勢，有跟理財作聯結嗎？很多朋友你跟他討論趨勢的東西，他們會說，我知道啊，我有觀察到，但就是看到，少了投資這個動作。因此當你看到一個會紅的產品，第一時間要思考你想不想擁有它，是誰作的，對應的供應鏈有誰？

念EMBA時曾經有深入的研究過Amazon這家公司，發現這家公司太了不起，股價四百二十美元便開始觀察，即使當時等到八百美元才進行投資，但最後在分割前漲到逾三千美元，二〇一九年參加完女兒的畢業典禮後來到西雅圖，自然要來朝聖，尤其是無人商店Amazon Go。

要進去前，必須有綁定信用卡的Amazon帳號、下載Amazon Go App，再用手機QR code條碼刷進閘門就可以開始消費，拿了東西就走，不用在結帳櫃台排隊。很酷的購物經驗。

然後離開商店大約十五分鐘以內會自動收到帳目明細，從手機上可查看你購買商品的明細以及在店停留時間，我們好奇如果爸爸從架上拿商品下來向我展示，我看了半天放進購物袋，後來又不想買再放回架上，是否會被算帳，在門口協助你的店員說，如果發現帳單有錯誤，就直接從手機上移除，refund 很簡單，不用再把商品帶過來。

當我們收到帳單，完全正確，太令人驚嘆了！

抬頭往天花板看，會發現有超過五十台以上的深度感測相機組成的相機陣列，打造出一套結合電腦視覺的影像辨識系統，能自動偵測商品、分析你的動作，以及追蹤你在店內移動的路徑，以判斷你拿取了何種商品。

這時職業病來了，那些長柱體的相機配有上下兩顆鏡頭，應該具備 3D 深度感測的能力，根據 Amazon 先前揭露的訊息顯示，這套影像辨識系統還結合深度學習技術，不但可以正確的辨識現在站在貨架前的這個人是誰，拿了什麼商品，就算同時有數個人並排也都能夠辨別，甚至還可進一步依據顧客的動作變化，來預測對方接下來的購物行為，比如，準備拿起商品，還是正要將其放回原處，藉此來加快系統處理的反應時間，我指著鏡頭跟老公說：「那是 x x 公司作的。」

旅行和投資可以相得益彰，我在疫情期間連續兩年到美國相當有感，二〇一九年來到紐約，正好蘋果的 iPhone 11 開賣，特地到曼哈頓第五大道的蘋果旗艦店來朝聖，左邊排隊的人潮是已預訂新手機來 pick up 的人，右邊的排隊人潮則是當天要買 iPhone 11 的。店內人山人海，跟店員聊天，隨機詢問，銷售的情況不錯，與在發表前分析師極力唱衰 iPhone 11，宣稱末代的 4G 手機沒有人要買的言論大相逕庭，這應該是在 iPhone 6 以後難見的盛況，難怪蘋果執行長庫克表示，新機銷售迎來「非常強勁的開端」（very strong start），蘋果的總市值也在九月三十日重回一兆美元。

其次就是二〇二一年的怪現象，顛覆了我們過去認為汽車落地打八折的想法，由於整個市場缺車用晶片，讓新車的供應鏈出問題，二手車奇貨可居，過去一台三萬美元的汽車，你開了兩年後再出售可能價格真的只有八折，在二〇二一年卻出現，你開了兩年的舊車，在二手車市場還可以幾乎賣到當初買的價位，我在美國當地真正感受到二手車市場的火熱，也在朋友的分析下，當時投資了兩家二手車平台公司的股票，結果也輕易的賺回旅費。

旅行有時候不只是馬可波羅，還可以是普魯斯特，更可以是巴菲特！

旅行也可以讓人獲得許多投資的靈感！

翻轉財富的人生練習

Tips

1. 將旅行的體會應用在投資上會有驚人的效果！
2. 在旅行中看到趨勢，有跟理財作聯結嗎？
3. 旅行和投資可以相得益彰。

14

買股票買到美國去

二〇〇八年全球金融海嘯過後，美國股市一路走高，即使二〇一八年在全球貿易戰的威脅中仍創下新高，造就史上最長牛市，一時之間很多人談起美股眉飛色舞，我也常應邀擔任財經節目的來賓談美股，我最大的心得是買美股比台股容易許多，從二〇〇九年大多頭以來，如果是長線投資人買對股可以用「躺著賺」來形容，然而二〇二二年美國聯邦準備理事會粗暴式的升息下，很多人也深陷在美股的泥沼中動彈不得。

很多人投資美股的經驗都是從 ETF 開始，因為對台灣的投資人而言，那是一個陌生的市場，曾經有一位跟我一起錄影的來賓，在四十歲放棄公務員的鐵飯碗，投入股市，他投資美股的心法就是看好全球人口老化的現象，醫療保健類股是趨勢，其中 XLV 是醫療保健類股 ETF，在二〇一六年時生技股因為美國總統大選民主黨候選人希拉蕊提出的政策而下跌，但他看準未來醫療商機而進場買進，一年多就有三〇％的獲利。

我的美股投資經驗也是從 ETF 起家，在二〇〇八年前想要搭著中國經濟成長的便車，以及看好油價上漲，都讓我在相關的 ETF 有賺到錢，ETF 是懶人投資的工具，看好一個國家、一個市場、一個產業，不用傷腦筋選股，只要找 ETF 就對了。

而我真正投入美股則是買本尊的概念，二〇〇七年六月二十九日，蘋果第一代 iPhone 手機在美國正式發售，由於剛推出的 iPhone 上市後引發熱潮及銷售反應熱烈，部分媒體譽為「上帝手機」，當年十一月之後陸續在歐洲各國開賣，到了二〇〇八年七月十一日，蘋果在全球二十二個國家及地區發售 iPhone 3G，當中包括原有的六個地區，最終增加到八十個國家及地區。

台灣的流行會落後美國，但 iPhone 手機、零組件廠多來自台灣，隨著 iPhone 這種新玩藝兒受到注意，台灣蘋概股的業績開始起飛，美國蘋果的股票展開一個長期的大多頭格局，當我買台灣的蘋概股時，蘋果股價才四十美元，但蘋概股的成長力道不如蘋果股票，於是等到七十美元，我投入美股，這是我買的第一檔美股個股。

十多年來我歸納出挑選美股的兩大撇步：

一、從生活觀察趨勢。

二、與台灣供應鏈連結。

靠著這兩招幾乎沒有失誤，例如二〇一一年為了監控小孩的動態，加入臉書，一用便上癮，覺得好用，於是我去買了 FB 的股票；再近一點的例子是當蘋果推出 iPhone X，那是第一次用人臉辨識的技術，讓我覺得 3D 感測這個新技術會讓非蘋的手機跟進，於是買了 3D 人臉辨識的大廠 Lumentum；而各國發展電動車的趨勢讓特斯拉的股價翻倍再翻倍也是不爭的事實；上台大 EMBA 課程，科技管理的功課被分派到寫亞馬遜公司的版圖發展，認真研究之後我告訴同學可以買進 Amazon 的股票，即使自己從四百看到八百美元遲遲不敢進場，買進八百美元後立即跌了近十五%，最後還是獲利一倍以上。

至於與台灣供應鏈連結，從蘋果供應鏈的業績表現可以預測 iPhone 銷售成績，以蘋果在二〇二二年九月發表的 iPhone 14 為例，最高階版的 iPhone 14 Pro 系列，相機鏡頭的畫素已大幅升級到四千八百萬畫素，這會掀起果粉的換機潮，台灣的供應鏈一開始就傳出追加訂單，可以想像蘋果的業績可望水漲船高。我曾在美國超微公司股價五美元就買進，就是看著 AMD 供應鏈的台廠不斷發表業績創高，還有當全球在放空特斯拉，唱衰它的財務時，供應鏈的廠商卻說特斯拉票期正常，未來半年的訂單都談定了，這些在台廠看來是公開資訊都成為買進特斯拉的危機入市。

已經有好幾年來，很多人都談存股，但我自己的存股心法有兩點：

一、在台灣不存股，因為是淺碟型的市場，市場波動大，不如用重大災難投資法，當市場出現不理性的崩跌時，直接進場撿便宜，獲利豐厚。

二、在國外存股，尤其是美股，有專業的機構每天幫你接股票，有一種工具叫累計期權（Accumulator），是跟銀行約定幫你買股票，這個工具有些複雜，當你跟銀行或證券公司約定時，會以一個比市價折價的價位，每天買進，一旦漲超過三％，合約就終止（稱作KO出場），但如果跌破那個合約的價格，你就要買雙倍。

我曾在美股榮景時作了一個接聯電（UMC）的累計期權，當時聯電ADR的現貨價是十一．三八美元，存股價打八五折，就是每天用九．六七美元買五十股，出場價格是十一．七二美元，上面的條件就是不管現貨價格多少，每天就是用九．六七元買進五十股，但一旦市場價格跌破九．六七美元，還是要用九．六七美元買進，且買進的股數變成一百股，這樣每天存，存一年。

當你進場後，股價漲超過三％，就是它的出場價，就是當聯電的市價超過十一．七二美元，這個合約就結束。事實上我在作這個合約前，我才剛出場，前一筆合約當時作時聯電的現貨價是十．六一美元，每天用八．九八美元接股票，出場價格是十．九三美元。通常在一個持續上漲的股市，你會常常被迫出場，於是拿到那些低於市價買的股票可以立即在市場上出售，賺取價差。

水能載舟亦能覆舟，這種衍生性金融商品在空頭時會讓投資人接到一堆高價的股票，尤其二〇二二年全球股市受到空頭的洗禮，美國的科技股被血洗，股價下跌的幅度動輒三〇％，當股價直直落時，你還必須用高價接股票，真的會欲哭無淚，因為等解套是如此遙遙無期。

根據理專表示，台灣人喜歡作的標的都很類似，例如有人現在還是每天用每股一〇二美元接台積電的ADR，但此時它的股價正在進行八十美元保衛戰；也有人用每股二四五港元的價位接阿里巴巴，現在只剩下二位數，在空頭市場下，股價跌破合約價，還是用倍數接，有一個朋友接到一堆Meta，只能用欲哭無淚來形容。

為什麼要買美股，這個投資的核心精神是資產的配置，淺盤式的台股，容易受非經濟因素的干擾，發生在羅馬尼亞的禽流感，台股也會受影響；北韓的飛彈還沒發射，台股反應的比南韓股市還激烈；甚至隨便一則LINE的傳言也會造成個股的波動，如果你在這樣的市場覺得沒有安全感，美股是一個可以考慮的市場。

翻轉財富的人生練習 Tips

1. 買美股比台股容易許多。
2. ETF 是懶人投資的工具，看好一個國家、一個市場、一個產業，不用傷腦筋選股。
3. 挑選美股可從生活觀察趨勢、與台灣供應鏈連結的兩大撇步著手。

15 利用金融商品克服人性的弱點

巴菲特的投資名言：「別人貪婪時恐懼，別人恐懼時貪婪，」這與中國史記貨殖列傳上的「人棄我取，人取我與」的道理相同，但在投資市場上卻是知易行難，因為難以克服人性。

既然凡人很難駕御貪婪與恐懼，那就尋找有紀律的方法來規避人性的弱點，根據自己多年的經驗法則，我認為有兩種金融工具還不錯，它們可能會在市場最悲觀的時候「強迫」你接股票，而在當下可能覺得沒有希望的投資，假以時日卻可以為你帶來豐厚的利潤，當你了解它的真諦，可以作為資產配置的另一個選擇。

一是連動債（Equity-Linked Note，簡稱ELN），等一下，如果你年紀夠大，可能馬上想到二〇〇八年金融風暴，不少人因為投資連動債血本無虧，而將連動債視為洪水猛獸……

其實它的本質是要看你連結的標的是什麼，記得二〇〇八年有理專兜售連結台股指數的連動債，當時台股在九千點之上，理專告訴我只要台股不跌破六千點，就可以賺取一〇％以上的利息，理專在九千點時告訴我台股要跌破六千點的機會是微乎其微，因此幾乎可以穩穩的賺取利息，但她沒算到雷曼兄弟事件，結果就是台股一路下探到四千點以下，這場震撼教育，戳破了所有「不可能」的神話，由於連結的標的是台灣的加權指數，不是實體的股票，於是本金就這樣的蒸發了。

ELN，按照英文的意思是股票掛鉤票據，它是一種結構性的金融衍生產品，投資人利用它來賺取比一般貨幣市場更高的利息，而它可以連結各種標的，例如個股、指數等，在台灣的金融機構，只要你有三十萬美元，你就可以選擇自己想要長期投資的標的作連結，由銀行訂出行使價、結算日、到期日及利率等條款，當該連結的股票跌到行使價位，你就以該價位接股票，不然就領高於定存的利息，你的風險就是接到股票之後股價繼續跌，以及交易對手的風險，至於無法達到三十萬門檻的投資人，你就無法量身訂作，只能「跟單」，最小的買進單位是五萬美元。

舉個例子，如果你作了一檔連結台積電的ELN，台積電的市價在六百元，在合約約定的期間內（期間可以一個月到一年），只要台積電不跌破某一個價格（行使價會根據個股的波動性訂出，例如台積電，因為波動小，所以一般會是市價打九折，以上述的例子就是五百四十元），投資人就可以領取年化十二％的利息，但合約到期日如果台積電的收盤價是五百，跌破行使價五百四十元，那你就要把當時購買連動債的金額以每股五百四十元轉換成台積電的股票，也就是說你換成股票時，你的本金已直接損失八％，但如果你沒有資金壓力，沒有出售，假以時日，一旦台積電超過五百四十以上，你出售持股，這個投資還算是賺錢的。

這個操作邏輯很簡單：找出你喜歡的股票，也許它現在的價格太高，你想要低接，或是現在金融市場大環境兵荒馬亂，你很害怕進場，ELN是一個不錯的工具，例如你看好電動車的前景，但特斯拉（Tesla）的股價在九百美元太高，於是你選擇一個你願意接的保護價格，例如可能是打個七折，你覺得就算換成股票也很安全，於是當銀行推出連結特斯拉的 ELN 時，你就可以選擇買進，只要在合約到期比價日那一天，特斯拉不低於六百三十元，你都可以賺到年化約十二%的利息。這對有投資股票的人而言，ELN 是一種進可攻退可守的商品。

我自己有一個先失敗，後成功的案例，就是在二〇二〇年三月，美股出現四次連股神巴菲特都說自己沒看過的熔斷，就在當時我有兩檔 ELN 剛好到期，一檔是連結台積電的美股 ADR（TSM），另一檔則是連接比較投機的人造肉（Beyond Meat）。

曾經吃素在美國是一種時尚，被塑造是全球飲食的趨勢，我不是素食主義，但在美股二〇二〇年四次熔斷時，我投資美元連動債「被迫」接到 Beyond Meat 的股票，原本只想賺十二%的利息，卻接到燙手山芋的股票，當市場股價跌破五十美元時，我必須依照合約用每股九十美元接股票。

Beyond Meat 股票在美國 IPO 締造傳奇的一頁，上市不到三個月股價飆漲近十倍，隨後又被打回原形，曾有一度華爾街用 Beyond Bubble 來形容它會成明日黃花，公司市值在五個月蒸發近七成。

因為 COVID-19，整個國際金融市場在二〇二〇年三月成為殺戮戰場，我的理專告訴我，當時很多國際投資人是借日圓，利率不到一%，買進連動債進行套利，在市場風平浪靜時的確可以套取逾一〇%的收益，但當海嘯一來，股價暴跌，這些透過槓桿操作的資金，當他們換到股票的那一天，股價已腰斬，如果補不出保證金，金融機構就是斷頭殺出，所以當時很多投資人 Beyond Meat 就砍在五十元的地板價。

所幸我是自有資金，咬緊牙根住進套房，本來只想賺十二%的利息，沒想到本金卻賠了四成，我硬著頭皮告訴先生，沒想到他並沒有指責我，反而很熱衷的在 momo 平台訂購 Beyond Meat 來台灣的產品，還煎未來漢堡給我們吃，剛開始聽到「人造肉」，心裡覺得怪怪的，沒想到嚐一口還真的好吃，當下決定要跟它共存亡，隨著 Beyond Meat 打入中國的 Starbucks 供應鏈，股價連續爆衝，又在美國傳出肉品限購的訊息下，配合財報由虧轉盈等一連串的利多，一年後股價最高漲到快二百美元。

在美股最黑暗的時期，我還有一檔連動債到期，是連結 TSM，當時的履約價格是五十二美元，市場已跌到五十美元，我的連動債全部換成台積電 ADR，後來 TSM 最高漲到一百四十，還真的要感謝 ELN 這種工具，不然在市場最恐慌的時候，敢進場去接刀子的人畢竟是少數。

但所有的投資工具都有風險，這個 ELN 也會出現偷雞不著蝕把米的現象，那就是你所連結的股票出問題，ELN 在台灣叫 SN（結構債），它有分固定利率（FCN）和浮動利率（RAN），通常在同樣的履約價下，RAN 會比 FCN 的利率稍高，因為 RAN 是每天比價，一旦市價低於履約價，就停止付息，不像 FCN 只比合約到期最後一天的價格，即使期中價格大跌，但只要最後一天市價大於履約價，你就不用轉換成股票。

中國國家主席習近平提出的共同富裕，讓很多中概股暴跌，有投資人買進富途牛牛的連動債RAN，結果不到一個月股價腰斬，由於RAN每天比價，自然市場早就跌破履約價，所以馬上就不付息了，如果合約到期前股價一蹶不振，那麼除了沒有利息可領，屆時都要把債券全數換成高價的富途牛牛股票了。

這裡要強調的是金融市場波動劇烈，只要是連結股票的債券，依然有股價下跌的風險，去年第四季在台灣理專的推銷下，即使當時覺得美股已在高檔，但我仍買了一檔連結輝達（NVIDIA）、美國超微（AMD）和特斯拉（Tesla）的RAN，今年初，美國聯邦準備理事會開始一連串升息抗通膨下，美國科技股大幅修正，股價跌破合約的轉換價，即使利息高達十六%，但我只領兩個月的利息，且未來合約到期時，我可能要被迫接高價的股票，其中是二〇二〇年以來跌幅逾五成的輝達股票。

我有朋友喜歡玩臉書，他跟銀行作的每一檔FCN或RAN，都有Meta，於是合約到期時滿手高價的Meta，因此在作這種金融商品時，要注意不能過度集中在某一個股。

看了上述的案例，你的心中是否已有想法：

一、先到國內證券商的複委託開戶。

二、挑一檔你喜歡的股票，想好心中願意承接的價位，就是保護價格，這檔股票如果你以這個價位接到，都覺得心裡很安全。

三、設定心裡想要的利率，通常利率、履約價，會是一個互相填空的問題，要想高利率，股價打折可能比較少，反之亦然。

四、通常這種產品，如果股價漲幅超過五%，合約會要求你提前出場（KO），在一個股價上揚的趨勢，你會常常被KO，所以讓你領利息的時間無法持續。

翻轉財富的人生練習

Tips

1. 人很難駕御貪婪與恐懼，可尋找有紀律的方法來規避人性的弱點。
2. 對有投資股票的人而言，ELN 是一種進可攻退可守的商品。
3. 金融市場波動劇烈，只要是連結股票的債券，依然有股價下跌的風險。

16 當沖賺自己的薪水

當沖可以賺錢嗎？一直是市場爭論的話題，多數的人相信「十個當沖九個輸」，但我自己實驗三年多以來，發現當沖真的能賺錢，我還一度認為自己是被媒體耽誤的交易員。

所謂的當沖是指當日就完成買賣股票的動作來賺取價差，股票不會放到下一個交易日，就是不會留倉，二〇一七年當時股市交易量低迷，政府為了挽救股市動能不足，祭出現股當沖證券交易稅減半，當沖占上市櫃股票成交值由二〇一六年的一成，目前已達到接近四成，股市成交值倍數成長；證交稅也從二〇一六年的七百零九億元成長到二〇二一年的四千億元，顯示當沖證交稅減半已達到提升市場交易量能及流動性的政策目的。原訂在二〇二一年底到期的當沖證券交易稅稅率減半優惠，立法院院會於二〇二一年十二月二十一日三讀通過「證券交易稅條例修正案」，確定當沖降稅延長三年，至二〇二四年十二月三十一日，當沖稅率維持千分之一．五。

自從當沖交易稅減半實施以來，當沖交易得到市場很多的關注，主要是因為台股T+2的制度，吸引小資族用無本生意作當沖，全世界的股市大概只有少數像台股這樣，帳上沒有錢可以先買股票，因為是兩天後交割，假如你開盤後五百一十元買進一張台積電，尾盤用五百一十五元賣掉，你不用真的拿五十一萬來交割，只要結算中間的差價，扣除手續費前賺五千，即使你沒有五十一萬也可以到股市來沖沖樂。

所以當二〇二一年股市很熱的時候，人人都是「航海王」，個個都是「鋼鐵人」，投資人當沖貨櫃三雄、鋼鐵股，當行情出貨大幅震盪時還出現違約交割。

我在二〇一八年退休後，為了能夠有穩定的現金流，我的起心動念是設定每天從股市賺五千元，如此一個月就會有十萬元的收入，我的心態不是要作無本生意，所以我沒有每天必須要沖掉的壓力，在長期投資的部位維持不變下，我希望透過交易的頻率來增加收入，我跟朋友開玩笑說，這是一種開計程車的作法，例如我在每股二百二十五元買進的台積電，如果不進出，它就是死錢，但如果今日看到台積電大漲，拿一張出來交易，例如我如果在五百一十賣出，當天有回跌到五百零五以下，我就會買回，實現我一天可以賺五千元的目標，我跟同樣有台積電長期部位的朋友說，就像計程車一樣，你要開出去才有錢賺。

事實上我這種想法並不孤單，我有認識一些專業操盤人是從基金經理人，或是以前證券公司操盤人退休，他們股票的投資有分長期投資和當沖交易，他們設定在股市當沖幫自己賺薪水，有的設定一天賺一萬，一個月就可以賺二十萬，或是一天賺三千至五千元，一個月有十萬的零用錢，感覺就是股票市場給他的薪水。

同樣是當沖交易，但兩種心態所形成的結果可能南轅北轍，台股因為交易制度讓不少人覺得可以來市場作無本生意的心態，讓許多當沖者在股海淹沒，有營業員分享他的客戶從五十萬起家，因為這二〇二〇和二〇二一年兩年的多頭行情，讓他累積了上億的資產，卻也因為為當沖而當沖，完全沒有方向性，最後又陣亡。

因為抱著這種無本當沖的心態，投資人只需要支付交易手續費、一買一賣的交易淨額（賠錢的話才支付），不需要花到本金，因此有許多人是抱著想短線操作賺差價的心態，因為你沒有本錢，所以這種當天一定要結算的壓力，會影響個人在投資操作的判斷。

股票投資，錢就是你的膽，資金不夠，絕不是進行當沖交易的理由，那當沖要如何賺錢？以我自己的經驗，我很少為了當沖而當沖，因此我選擇當沖的標的是我自己長線看好的股票，股票只要有波動，作當沖就有利可圖，當一檔我持有的公司大漲時，我會把部分的張數獲利了結，而當日有時它在衝高打回時，我就會回補，於是就是一個當沖，只是我是先賣出，再買進。我有一個朋友，同樣看好這檔股票，她一直都抱著，沒有進出，我跟她說，偶爾你也要開一下計程車，有開出去才有錢賺。

我把這種方式形容「優雅的當沖」，記得有一年我去日本賞櫻，在出門前我發現自己持有的一檔股票嘉澤當日快衝上漲停，我的作法就是拿五張獲利了結，於是我就出門了，中午吃飯時發現它又被殺回平盤，於是我就回補那五張，賺了二十元的價差，當日當沖我就賺了十萬元，且完全沒有看盤，有人會覺得這是幸運，的確也是，如果當日漲停鎖死，我也不會懊悔，因為也是獲利出場，且我手上還有部位，因此找到一家好的公司作當沖，以長線掩護短線，我覺得那是很完美的操作！

此外如果市場發生突發性的消息時，那些標的會成為市場熱門的指標，那就是當沖的機會了，我把它形容為打地鼠，因此這個你要比別人反應快。很多人說不看新聞作股票，但我當沖致勝的一個關鍵就是看新聞，我最成功的案例是，有一天各大報的頭版頭是中美貿易摩擦有出現緩解的現象，那是第一次出現轉機，當時我的判斷是當天會漲蘋概股，因為之前蘋概股籠罩在中美貿易的陰影而一蹶不振，因為投資人擔心中國打壓蘋果公司，於是當日開盤前我就買進大立光、玉晶光、穩懋、宏捷科，結果盤勢如我所預測，真的漲蘋概股，因而成功的當沖。

當然我不是神，有時也會有判斷錯誤的時候，但我選擇當沖標的的原則是要有基本面支撐，股價在相對低檔，即使當日買進沒當沖，賺錢的機率還高的股票。曾經有一次我因為大立光的一個利多，我判斷當日會漲，且我也有想要作當沖的心態，而買了一張大立光，沒想到事與願違，當日的走勢並不如我所願，於是一點以後我就陷入天人交戰，要不要沖掉的抉擇，當時我賠了二十元，如果加上手續費，大約是賠三萬元，我們進入股海的目標是作常勝軍，說實在的那三萬元我並不甘心賠，且我認為它的股價相對在低檔，於是我決定留倉，但因為資金不夠，我只好去賣別的股票，幸運的是，大立光竟在第二天大漲，我不願賠三萬下，最後是賺了二十萬。

影響股價的因素很多，我因為之前跑科技產業，我的習慣是會看基本面，但我必須承認一點是，當沖的股票因為只有激清，甚至連一夜情都不是，你不一定要對它作「身家調查」，因此我有一個看盤技巧就是把會交互影響，連動的股票都設在一起，因為股票會相互影響，例如當長榮在起漲時，它會帶動陽明和萬海，但他們上漲的速度不一，這時候你就可以抓到機會，看到長榮漲五％時，可以買進漲不到三％的陽明或萬海，這種規則和直覺來自於你平常看盤培養的功力。最近通訊產業很強，我看到華星光電漲停，想到可能等一下會帶動統新和聯亞光電，於是提前買進通常都會賺到錢。

這種方法從最早被動元件的飆漲，到航運股大行其道，我試驗了至少三年，勝率的機會相當高，它的技巧在於你看到機會要毫不猶豫的下手，如有半點遲疑，你的機會就會拱手讓人。

曾經與當沖常勝軍──金融怪傑一起上節目，他分享自己三個月當沖賺上千萬的經驗，我們歸納出如何當沖勝出，他認為要找平均三日、五日的振幅高於五％，只要價格的波動大，當沖就有力可圖，但我偏好選基本面好的，一旦你判斷錯誤可以用長線保護短線。但無論你用什麼方法，當沖是要非常關注盤面，我個人認為並不適合上班族。

翻轉財富的人生練習

Tips

1. 同樣是當沖交易，但不同的心態所形成的結果可能南轅北轍。
2. 當天一定要結清的壓力，會影響個人在投資操作的判斷。
3. 股票投資，錢就是你的膽，資金不夠，絕不是進行當沖交易的理由。
4. 選擇當沖標的的原則是要有基本面支撐，股價在相對低檔，即使當日買進沒當沖，賺錢的機率還高的股票。

17 熊市求生術

金融市場瞬息萬變，寫書的時間從多頭轉變成空頭，而曾經在疫情時相當火紅，看似趨勢的公司，下場竟是翻臉像翻書一樣，例如曾在書中前篇舉例的公司，美國的 Peloton 公司，一年來股價跌了逾九〇％，從最高的一五六美元跌到剩下八元，股海的險惡，令人心驚膽戰！

去過紐約旅遊的人，一定會去華爾街摸那豎立在街頭的銅牛，希望這一摸能帶來投資資本市場的好運，有人曾如此描述公牛雕像：公牛身上涌動著一種有攻擊性，甚至是好鬥的不可預測的力度，公牛表現了證券市場的活力、力量和不確定性。

為何這銅牛已經成為華爾街知名的地標，因為大家都愛牛象徵的多頭市場，為何牛是多頭的象徵？公牛攻擊的方式是使用牛角往上頂，如同股市行情往上，被認為是牛市的由來；還有另一種說法則是當倫敦證券交易所成立，股票交易時，有所謂的公告牌，交易員利用其發布不同股票的報價，當投資人對股票需求很高時，就會有很多公告牌的報價訊息，而公告牌的英文是bulletin，就跟所謂牛市的英文bull market的諧音相近。

而牛市的相反就是熊市，也是因為動物的攻擊方式，因為熊攻擊的方式是以熊掌向下拍擊，如同股市下跌一般。同樣的當股市陷入空頭，市場呈現低迷狀態，就沒有什麼公告牌，這個英文是bare，與熊的英文bear發音相同。而熊市來臨時，通常經濟也冷颼颼，很像熊每逢冬季需要冬眠一般。

一般對熊市的定義是股市從高點下跌二〇%就會被視為是熊市，根據一些統計數據，美股從一九二八年以來，經歷過二十六次熊市，二十七次牛市，熊市的時間較短暫，平均歷時二八九天；而牛市平均歷時九九一天，從一九四五年以後，平均每五．四年發生一次熊市，換句話說，如果一個人在五十年的投資經歷中，最少會遇到九次熊市。

另一個令人開心的統計是股市只有二二%的時間在熊市，其他七八%的時間都是在盤整或上漲，但重點是在熊市時你要活過去，而不是陷入很多人在投資生涯中的惡性循環，在牛市賺到錢，熊市賠掉，再從牛市賺錢，再從熊市賠光。

我們最常聽到一句巴菲特的名言：別人貪婪的時候你恐懼，別人恐懼時你貪婪。投資說穿了，很多時候是一場心智的試煉，尤其在熊市來臨時，熊市的集體恐懼會讓股市出現不理性的行為，因此避免陷入恐懼，可能是熊市生存者的基本守則。

股票市場從不缺聰明的人，但缺少的是有紀律的人，我認識一些朋友，他們在多頭市場叱吒風雲，賺錢的速度會讓他們以為自己是神，但空頭來臨時就會生不如死，因為死多頭的個性讓他們不懂空手的策略，總是在市場上戰到最後一滴血，殊不知當市場絕對樂觀，投資者對後市完全沒有戒心，相信市場還會繼續大漲之際，先知先覺的大筆資金開始撤離市場，熊市已經悄悄出現。

綜合我身邊那些股市常勝軍，他們跟著多頭共舞，把握機會大賺一波，而在空頭出場，或是維持很小的部位，耐心等待機會，從他們身上，我歸納出一些熊市的策略：

一、現金為王：

一旦你發現市場不好，要盡快套現，保持空手，保有現金。散戶為何常被形容為韭菜，就是一有賺錢的股票就賣掉，套牢的股票會留成仇，但當空頭來臨時，恐懼會讓投資人產生不理性的行為，你認為很便宜的股票會更便宜，因為除了獲利下修外，股市的本益比也會下修，使得價格跌到你覺得不可思議，因此要即時停損，目標是要保住本金，千萬不要把在牛市賺到的錢在熊市輸光，再說一次，保住現金很重要。

如同先前我們提到的，平均五年會發生一次熊市，因此你遲早會遇到熊市，在熊市要重視的是風險的控管，多數的人在空頭陷入的困境是沒有錢，就是在多頭時用融資買股票，而來不及撤場時，當股價大幅下跌，面臨融資追繳、斷頭的壓力，即是賣出股票還要補錢，有拿錢贖人的現象。

很多投資人有一種迷思，認為必須一直在場內投資，而忽略了持有現金也是一種操作。在熊市持有現金是一種不錯的操作，當市場沒有行情時，你大可以離開，縱使空頭時會有一些小反彈，但要賺錢可能會變得相當困難，如果你非得要在市場，建議只用小小的資金試水溫，保持盤感。

曾在一九八五至一九八七年連續三年獲得美國投資冠軍，三年的總報酬高達一三〇〇%的大衛・萊恩（David Ryan）最近談論股市時曾表示：如果回顧過去四十年，自己九九%的錢都是在牛市賺的，雖然會在熊市輸了一些錢，但都能保留牛市賺到的大部分的獲利，他的熊市目標是不要輸掉在牛市賺到的錢。

二、不要被基本面騙了：

二〇二二年六月台股開始進行比較大幅度的修正，指數一年下跌逾六千點，國安基金已進場護盤，官員不斷信心喊話，但財經官員只會像鸚鵡一般不斷的重覆：台股的基本面不錯，因而被網友虧，我們不要再吃「基本麵了」。

空頭市場來臨時，我們要關注的是股票本身的價格行為，即是技術面，而不是專注在基本面，一般人一定會覺得很納悶，有的公司公告營收獲利創高，但股價卻已大幅下跌，主要是因為基本面是延後反應，而股價通常反應未來三～六個月的基本面，才會有「買在預期，賣在實現」的說法，因為股市是反應未來，當你看到股價下跌，意謂著基本面可能已經開始改變，所以當股價下跌時不要再專注在已經公布的基本面。

事實上公司的基本面有時間差，例如台股一個月才公布營收，而美股甚至是一季才公布，造成資訊上時間差的不公平現象，公司的內部人總是比外部人更了解產業榮枯的變化，若有公司發生財務造假，外部人也很難在第一時間就知道，但聰明狡詐的錢天天在交易，大量的錢會在技術面留下足跡。所以在熊市時，專家會以技術面為主，基本面為輔，以技術面作為離場的依據，而不是等待基本面變差才離場，一旦基本面變差，股價早就跌了一大段。

三、不要嘗試抄底：

雖然說股價跌多，就是最大的利多，但空頭市場是恐懼的總和，熊市的過程，很難用總經、基本面、估值、技術面來預測底部，因為熊市是恐懼所主導的，人們賣出的行為是一種心理解除痛苦的途徑，所有的理性研究都會失效，因此不能理性地去預測合理價值。人性難以預測，大漲與大跌都看群體情緒的臉色。

因為熊市是人性主導的市場，股價常常會有不理性的價格出現，因此等待右側的底部建立後再進場，是一個比較安全的方法，不要買在左側抄底，這就是一般人說的掉下來的刀子不要接。不要認為你可以抓住熊的尾巴，最好的方法就是耐心等待，等待市場真正見底，且在熊市多數的情況是市場會重新測試低點，然後反彈，反覆測底的現象，因此不要急，不要想要買在最低點那一天，而是買在適合的點。

四、行情總在絕望中誕生：

一直被譽為全球最具智慧以及最受尊崇的投資者之一的鄧普頓集團創辦人約翰．鄧普頓說：「人們總是問我哪裡情況會變好，可是這是個錯誤的問題。正確的問題是：哪裡的情況最糟糕？正確的買入時間是在悲觀情緒最嚴重的時刻，那樣的話，大部分的問題都能解決。」因著這樣的投資哲學，而說出了「行情總在絕望中誕生，在半信半疑中成長，在憧憬中成熟，在希望中毀滅。」名言。

熊市出現是在牛市的狂喜中，伴隨著牛市悄然而至，然後會歷經焦慮到恐慌的主跌段，而到了熊市的末跌段通常都是投降的階段，包括績優股在最後也加入補跌的行列，恐慌吞噬人心，投資人不計成本想要拋售股票，根本就是一種投降行為，當時市場擔心的「不確定性」，逐漸得到「確認」時，這個時候股票會出現利空不跌，而開始出現轉機，超跌的個股開始有長期投資人買入，而這階段股市的特色會出現暴漲暴跌，大量換手，一直到籌碼流到長期且固執投資人手上，而搶反彈的人不搶了，短線進出的人幾乎全部豎白旗出場，根本不想再看股票，LINE 的群組不談股票談養生時，賣壓逐漸消失，波動率下降，有一種說法是當季線終於追上指數，代表至少最近三個月買入的人開始有一半以上獲利，周 MACD 的柱狀見到最低點，市場在多方絕望時見底。

根據統計，人在遭受股市虧損的痛苦是賺錢快樂的兩倍，所以熊市受到情緒的影響更為明顯，熊市投資者的心態會從焦慮、否定、恐慌到投降，所謂多頭不死，空頭不止。市場從不缺聰明的人，然而聰明人也不見得能耐得住恐慌。

因此即使你成功避開熊市，也要觀察市場交易量的變化，關注下一波段可以賺錢的股票，在熊市保有現金，耐心等待，但在心態上依然要保持積極，因為很少有悲觀主義的人會在市場上賺到大錢。

翻轉財富的人生練習 Tips

1. 很多投資人有一種迷思，認為必須一直在場內投資，而忽略了持有現金也是一種操作。

2. 熊市是人性主導的市場，股價常常會有不理性的價格出現，因此等待右側的底部建立後再進場，是一個比較安全的方法。

18

退休金靠政府，不如靠自己！

這是一個我自己的案例，我在二〇一八年三月十一日退休，一個月後我領到退休金，因為是退休金，要專款專用，要保守穩健，但我仍相信長期而言股票是不錯的投資工具，於是我把自己的退休金買進台灣最有競爭力的公司——台積電，有一群優秀的專業經理人為我的退休金打拚，這頗符合「睡覺理財」的思維。

二〇一八年四月拿到退休金，當時的台積電跌到二百二十五元，如果以當年配發八元的現金股利來看，股票的殖利率有三．五%，這個利率已是定存的三倍，甚至比勞退基金年平均收益率要高，好公司有時不一定有好價格，而當時的台積電的進場時機算是不錯。

二〇一八年台積電配發八元的現金股利，二〇一九年台積電也發放了八元現金股利，兩年的配息已使成本下降到二百零九元，台積電更在二〇一九年中舉行的法說會釋放出三大驚喜：包括半導體產業落底、七奈米訂單擠爆、5G的建置速度超出預期，股價在七月十九日以二百五十九元收盤，一年三個月的投資報酬率達二二%。

愛因斯坦有一句名言，複利是世界第八大奇蹟。時間再長一些，更可以看出這家台灣之光的公司為自己的退休金創造出意想不到的成長曲線。

證券分析師常常勸人不要追高，但從我的退休金投入台積電以來，就不斷的被問：

「惠珠姐，台積電三百了，還能買嗎？」

「都四百了，我會不會是最後一隻老鼠？」

「五百了耶，好可怕……」

「沒想到真的到了六百！」

其實投資台積電這件事，反而讓我學到謙卑，因為我在二〇一八年四月拿到退休金當日，全數買了台積電，且兩年多來還透過金融商品來克服人性的弱點，持續加碼台積電的ADR，二〇二〇年因為疫情不平靜，但許多人的投資卻有豐厚的收穫，不過我身邊在股市有投資十年以上經驗的人，買台積電的卻不多，因為他們專業，很懂技術線形，他們總覺得台積電漲得太慢（過去十多年的刻版印象），認為自己可以找到一檔比台積電更飆的股票……

沒想到台積電在中美大戰中成為最大的受益者，二〇二〇年不含配息的股價漲幅就逾六成，讓「國民ETF」元大台灣50（0050）的報酬率都接近三成，佛系的操盤法勝出，反而不懂股票的人，只要買到「含積量」高的基金，績效都相當傲人。

我自己在職場上二十五年幾乎沒有買過台積電，卻在拿到退休金的那一天下定決心要把錢交給台灣最優秀的公司（台積電二〇一九年底員工總人數為51,297人，因為半導體業是知識及技術密集產業，主管與專業人員中，擁有碩士以上學歷的員工就占八成以上），於是我買了當時二百二十五元的台積電，且隨著整個中美局勢的發展，以及台積電在先進製程上的領先，我還不斷的加碼，但我跟大家一樣，也怕台積電股價太高，於是我的加碼是透過兩種方法：

一、即使看好台積電的前景，但我不確定短線的股價是否已反應它的好，於是我選擇進可攻退可守的連結台積電的債券（ELN），跟發行銀行約定一個台積電市價可能打八五折的價格為執行價格，在合約期間，如果台積電沒有跌破那個執行價格時，你就領一〇%至十二%的利息，一旦跌破，就必須把債券轉換成股票。

例如在二〇一九年十二月，TSM在接近六十美元時，我就作了一個為期三個月的合約：當台積電不跌破五十二美元時，就領年息十二%。會去作這種商品，就是我覺得接六十美元的台積電可能太貴，所以我想低接，有接到是緣分，沒接到就領比定存好的利息。沒想到我的合約到期時，正好碰上美股四次熔斷，TSM已跌到四十四美元，我還是必須用五十二美元接股票，於是我原本只要賺利息的產品，接到一堆台積電，現在回頭看不到一年漲了一．六七倍，但正常人在當時可能都嚇破膽……

二、上面的金融商品，若非碰到非常時期，不然在一個股價上漲的趨勢中，是很難接到股票的，二〇一九年我作了一整年連結 NVIDIA 的連動債，始終只有領到利息沒有換成股票。於是在最近半年，台積電的成長態勢更明顯，股價漲的更高時，我又作了新的商品，就是一年期的 Accumulator（累計期權），跟發行銀行約定每天一個價格接股票，以上述的例子就是當台積電 ADR 在六十美元時，你每天用五十二美元接 TSM，一旦有一天 TSM 跌破五十二美元那一天，你就要接雙倍的數量，但當 TSM 的收盤價漲到六十一．八時，你就被 KO 出場，如果在一個月內，他會保證你拿一個月數量的股票。

第二種方式，這半年來，我已被 KO 無數次（只要收盤價大於簽約日三%就出場），大約每一次都能接到低於市價八折到八五折的股票（打折是看股價的波動率）。

有人說第二種衍生性金融商品的風險很大，但我認為那是要看你連結什麼標的的股票，股票從來都是一個風險不低的投資商品，但天下沒有白吃的午餐，永遠是不變的鐵律！

這是一筆退休金投入的實例，至於年輕人一樣可以透過存股的方式慢慢累積自己的退休金，你有幫自己的退休金有找到一個安穩的標的嗎？

翻轉財富的人生練習 Tips

1. 退休金要專款專用，要保守穩健，長期而言股票是不錯的投資工具。
2. 讓一群優秀的專業經理人為退休金打拚，頗符合「睡覺理財」的思維。
3. 找到一個安穩的標的，年輕人一樣可以透過存股的方式慢慢累積自己的退休金。

19

一次搞懂勞保老年給付和勞工退休金

退休金要多少才夠？這是人們心中難解的疑惑，但這並沒有標準答案，因為每個人想要的優質退休生活要求不同，但是及早準備，弄清楚退休金的架構，是可以更從容的退休。

目前正是戰後嬰兒潮大量退休的開始，有一回我和幾個台大的學姐下午茶，大家都是半退休的狀況，即使是別人眼中的專業人士，但當我們說起勞退、勞保，很多人還是一頭霧水，完全理不清！

首先我們釐清，一個人這一生能夠領到的退休金大約有四個來源：一是勞保老年給付，二是勞工退休金，三是個人理財，四是國保老年年金。

第一個勞保給付有一次領或月領的抉擇，勞退有舊制和新制，只要在二〇〇五年七月一日到職後，都是採取勞退新制，目前只剩下一〇％是舊制，九〇％是新制。新制這是個人帳戶，沒有公司倒閉的問題。個人理財是勞退新制中鼓勵勞工自提，透過理財也會增加勞退專戶的收益，有自提和沒有自提可能會使退休金差距一倍；最後是國保的老年年金，二〇〇八年十月一日開始實施國民年金保險，主要是針對沒有社會保險的民眾強制納保，會在勞保退保第二天自動加保，因為一個人在長達四十年的職場生涯中，難免碰到資遣、創業失敗，自動離職或是失業，只要沒有勞工保險，社會保險的另一支柱──國民年金就會接手。所以一個人一生可能有幾十年的勞保年資和幾年的國保年資。只要年滿二十五歲，未滿六十五歲，在沒有參加勞保、公保、農保的情況下，勞保局就會強制納保國民年金。

上面所提到的退休金來源，就是現在的退休金架構：第一層年金，是強制性的社會保險，勞保年金的提撥比率分別是政府一〇％、個人二〇％、雇主七〇％；國民年金的提撥比率是政府四〇％、個人六〇％，而公保年金的提撥比率是政府六五％，個人三五％

第二層年金則是勞工退休金制度，企業每個月會提撥每月投保薪資的六％在退休帳戶，這是勞退新制，勞退是個人帳戶，勞工到了六十歲就可以開始領，如果年資小於十五年，只能請領一次退休金，領取勞退專戶中累積的本金和收益，如果年資滿十五年以上，則可以選擇一次領和月領，月領可以一路領到八十四歲。

很多人會分不清楚勞保年金和勞退，前者是國家給你的，後者則是來自你服務的企業提撥。以我在經濟日報服務滿二十五年退休為例，因為二〇〇五年七月一日實施勞退新制時，我已在公司服務十二年，這是一個尷尬的年限，如果未來會離職，自然選新制，因為勞保帳戶會帶著走，於是當時我採取不選擇，在寬限期內如果沒有選擇，就是採用舊制，因此我是以舊制拿到我的勞退，計算的基數是前十五年為二個基數，之後的每一年為一個基數，因此我的基數則為最高的基數40（（15x2＋10）），我的第一筆勞工退休金則是經濟日報給我，計算很簡單，就是退休時的薪資乘上四〇，我在二〇一八年四月拿到退休金，當時台積電二二五元，我就把整個勞工退休金換成台積電的股票，當台積電最高漲到六八八時，我等於可以退休三次。

領了公司的退休金，就是所謂的勞退，我還有一筆可以領的，就是勞保年金，這個勞保年金就比較複雜，它有一次領和等到六十五歲再月領的兩個選項，而這個勞保老年給付要怎麼領最划算，也是很多人傷腦筋的課題，但這個並沒有標準答案，全看個人的理財觀念。

我與我妹夫同樣是二〇一八年退休，他除了領了一筆鴻海公司可觀的退休金外，勞保年金他選擇一次結清，一次請領的公式很簡單，就是前三年的平均投保薪資乘上基數，如果以我的案例來看，我退休時的勞保年資為二十七年，基數則是前十五年乘一，後面的年限乘二，二十七年年資等於三十九個基數（15＋（12x2）），所以我如果一次結清跟勞保的關係，這筆勞保年金就可以領1786200元（45800x39）。

不到兩百萬的勞保年金對我妹夫根本不是什麼大錢，但為何他選擇一次領，主要是因為他對勞保的財務沒有信心，再加上他認為他提早運用這次資金可以創造比勞退基金更高的報酬率。

對勞保沒有信心來自於台灣人口結構的改變，少子化和高齡社會讓勞保的缺口日益擴大，台灣生育率排名全球倒數第二，平均一對夫妻生一．一個小孩，只領先韓國，但台灣人口的老化卻加速，目前七個人就有一個老人，預估二十年後，台灣每四個人就有一個老人。人口老化是一個趨勢性的問題，目前超過六十五歲有超過三百萬人，到了二〇五〇年會達到七百五十萬人，而目前的勞動人口約一千一百七十萬人，到了二〇五〇年則會降低四成。

目前勞保的投保人數一千萬人，收入四千零四十六億元，而請領勞保退休金的人數從二〇一〇年的十一．八萬人成長到二〇一九年的一百二十七．三萬人，成長了十一倍，所以從二〇一七年開始，就以每年少二百億的資金缺口。有專家預估勞保會在二〇二六年破產，到了二〇五五年（就是現在三十歲上班族開始退休），虧損二十六兆；二〇六七年（現年二十歲大學生退休）則會虧損達五十兆。

就是這些驚人的統計數字，讓不少人選擇一次請領退休金，但我個人認為政府不會讓勞保倒，廣大的勞工是攸關執政黨的選票，政府已從二〇二〇年每年二百億撥補預算來補勞保的缺口，且也承諾未來修法時，政府會作最後給付的保證，即使如果勞保基金沒有錢，政府會負責到底。基於這樣的信念，所以我選擇在六十歲以後月領。申請勞保的老年給付，需要計算自己的勞保年資，且達到請領年齡，在一九五七年以前出生的人，請領年齡是六十歲，而後你的民國出生年加上十四，就是你可以請領的年齡，而在一九六二年（民國五十一年）以後出生的人，請領的年齡就是六十五歲，可以提前或延後五年請領，提前領會打折，延後領則有補償，一年為四％。

回到我的個案，既然我不選擇一次領一百七十八萬，那我月領可以領多少呢？如果我繼續工作到六十五歲，原本二十七年的年資會變成三十九年，根據公式，就是45800（最低投保薪資）x1.55%（所得替代率）x39=27686，這是我在六十五歲以後每個月可以領的錢。一年可以領三十三萬二千二百三十二元，試想我只要領到第六年，就超過我當時一次領的數字，所以月領是活得越久，領得越多。

但等到六十五歲，有點久，我想要早領早享受，於是我還有一個選項，就是六十歲就提早領，但要打八折，我的月領金額就變成19310，用一樣的公式，45800x1.55x34（提早五年離開職場）x0.8（法定六十五歲請領，提早在六十歲領，所以打八折）。有一次我上節目分享我對勞保年金的想法，當場一位精算師就說，根據他精算，正常領的人要經過二十五年才會追上提早領的人，也就是說在六十歲領勞保年金的人，看似每個月領的錢比較少，但要一直到八十五歲才會輸給六十五歲才開始領退休金的人。然而提早領的人所擁有的生命品質和體驗是不同的。

一次領或是按月真的沒有標準答案，有的人不相信勞保局，選擇一次領，但因為耳根子軟，錢很快就被騙了，或是沒有節制的花掉，對於比較沒有理財管理，且不急著用錢的勞工朋友，我是建議月領，因為你只要領了六、七年，那月領的金額就超過一次請領的數字，如果依照目前的平均餘命為八十四年為例，六十歲開始領，可以領二十四年，那金額是一次領的三倍，有人擔心如果月領不到幾個月就去跟上帝喝咖啡了，那也不用擔心，你月領金額與一次領的差距，勞保局會彌補給家屬，或是領遺屬年金，即是月領半餉的概念，另外老年年金請領後，也會隨著物價指數累計達五%時就會調整。

勞退新制，老板給員工的退休金是按月給，老板要出薪資的六%，強制提撥，員工可以自由提撥，〇至六%，你的退休金帶著走，不怕公司倒閉，公司提撥和你自己提撥的都在自己的帳戶，但目前提撥的人不多，只有八．六%的勞工有提撥，但我建議除了雇主提撥外，自己最好也要提撥，這是一種強迫儲蓄的概念，且自己提撥的部分可以節稅，例如你的月薪五萬元，雇主提撥六％是三千元，你也提撥三千元，一年則提撥了三萬六千元，這個可以從扣繳憑單扣除，且可以強迫儲蓄，累積退休金，還有兩年期定存的保證收益。

根據行政院主計總處調查，二〇二〇年全台平均每人每月消費支出增至二萬三千二百六十二元，其中以台北市三萬零七百萬元最高，新竹縣二萬六千七百元、新竹市二萬六千五百元分居二、三名，台北市超過三萬，基本生活所需，如果再加上醫療和旅遊，以目前物價水準要四萬元以上，這個數字與剛才勞保的月領仍有差距，因此就要靠個人理財來彌補。

翻轉財富的人生練習 Tips

1. 每個人想要的優質退休生活要求不同，及早準備，弄清楚退休金的架構，可以更從容的退休。
2. 除了雇主提撥外，自己最好也要提撥，這是一種強迫儲蓄的概念，且自己提撥的部分可以節稅。

20 以房養老

二〇二二年五月，我跟一個攝影團到丹麥的海外自治領地，在挪威和冰島中間、挪威海和北大西洋中間的法羅群島旅行，我的室友是一位七十三歲的阿嬤，她告訴我她去過南極、北極總計大約有十五趟，而她的旅費就來自「以房養老」銀行給她的生活費，當這位阿嬤很興奮地跟我分享著她在南極拍下的，且榮獲攝影獎首獎的阿德利企鵝照片時，我看到的是一個生命在發光，無價！

剎那間，「以房養老」這四個字閃過我腦中，我曾上過節目中說過這個觀念，但身邊落實的人並不多，沒想到我今日真的碰到實踐者，而當多數的人還想著要「養兒防老」，或是想著把房子留給下一代，真的有人活用房子的價值，活出精彩的人生。

大家熟悉的是一般的房貸，而以房養老的操作模式剛好跟房貸相反，所以它有另一個名稱叫「不動產逆向抵押貸款」。申請人將將房子抵押給銀行，經過銀行鑑價後，在設定的年限之內，每個月會發放一筆錢給申請人作為養老金，一直到身故後銀行會清算貸款，如果繼承人有意願繼承房子，可以繳清所有的貸款金額，或是技術性的轉為一般房貸，但如果繼承人沒有能力償還貸款，銀行則會進行拍賣，拍賣後償還銀行貸款，若有剩餘的金額，也會歸還給繼承人，不用擔心被銀行佔便宜。

目前已有十多家銀行在辦理「以房養老」貸款，這項業務從二〇一五年開辦以來，申辦案件有逐年增加的現象。根據金管會公布最新統計，截至二〇二二年上半年，十五家國銀累計核貸的「以房養老」案件總計六千一百零四件，核貸金額超過三百五十億元，承作「以房養老」的前五大銀行分別為合庫、土銀、華銀、一銀和台企銀。

很多人可能年紀大了，發現只有一間房子，沒有其他的錢，我曾碰過一位高齡九十歲的阿公，在銀行剛推出「以房養老」時，就能夠接受這觀念，把台北市蛋黃區的華廈拿去以房養老，用辛苦存了一輩子的房子貸款出來，銀行每個月提撥約九萬元的生活費給他，他活得很有尊嚴，不用當下流老人，且每次孫子來看阿公，阿公就會發獎學金，孫子也特別喜歡去看阿公。

看了上述的兩個案例，可以明白並不是人人都可以作以房養老，銀行設定的年紀是在六十歲以上，但你的房子必須是完全沒有貸款的房子，且只屬於你一個人，才可以抵押給銀行，借錢出來花，適合有房沒有現金的長者。

可能你不知道自己適不適合作「以房養老」的貸款，除了年紀要符合以外，所持有的房子可能要在大都會區，因為「以房養老」貸款的金額最多只有七成，一間被鑑價一千八百萬的房子，一個月可以領到約三萬五千元，但如果銀行評估只有三百萬的房子，每個月能拿到的金額可能不到九千元。金額太小就失去作以房養老的意義。

根據金管會資料顯示，「以房養老」承作的區域中，「北北基」近七成為最多，「中彰投」逾一成居次，「桃竹苗」七．五九％排名第三。而在承作性別方面，女性約五六％，高於男性的四四％，平均承作年限為二〇．四九年。這個統計資料可以看出「北北基」多屬都會區，除了長者比較能接受「以房養老」的觀念外，同時也因為房屋價值普遍較高，因此申請「以房養老」貸款的人高居第一。

目前（二〇二二年九月）銀行的一般房貸利率大約在二％以下，但「以房養老」的貸款利率會高一些，至少在二％以上，並依照定儲利率指數機動計息。而貸款的成數，通常銀行會核貸鑑價的六成到七成，貸款的年限最長為三十年，也就是說申請者的年齡加計貸款期間大於或等於九十，銀行會按月撥款，支應申請人的生活所需，而貸款利息也是按月繳息，銀行會逐月從撥給你的「生活費」中扣除利息，所以你從銀行領的生活費會逐月遞減，而利息收取上限是每月撥付本金的三〇％，而其餘沒有收足的利息則到貸款到期或終止時一次清償。

以銀行的試算表為例，一間鑑價一千八百萬的台北市房子，如果以銀行會貸給你的最高成數七成，即一千兩百六十萬元計算，貸款年限三十年，以一個月為一期，就會有三百六十期，因此就是每一期，就是每個月，銀行會給你三萬五千元。

第一期你可以領到三萬五千元，但第二期開始你就要開始繳交利息，假設利率是二．一六％，所以第二期你就要開始交六十三元的利息，所以你領到的生活費就是三萬四千九百三十七（三萬五千減六十三），第三期的利息會累加到七十八元，所以你實際領的錢會越來越少，但利息不是無止境的扣下去，根據這個案例，扣息上限最高為一萬一千元，即是當銀行一直扣除利息到你每月實領二萬四千時，銀行就會暫時終止扣息，先將利息掛在帳上，一旦合約期滿時，再一次付給利息，確保生活有一定的保障。

值得注意的是，「以房養老」貸款的利率是採取定期浮動計息的，例如目前是在一個通貨膨脹的年代，利率上升的趨勢明顯，每個月領的錢會隨著貸款利率上揚而縮水。

銀行承作「以房養老」的業務人員告訴我，已經有越來越多的長者可以接受先花未來錢的觀念，但反對的通常是子女，銀行員說，因為借款人還需要留下一名義務通知人的資料，當借款人往生時負責通知銀行，這義務人通常會選擇子女，由於子女未來有權繼承該房子，所以行員可以感受到子女的意願不高。

再者就是銀行也會怕日後產生糾紛，雖然房子所有權屬於父母，但銀行還是建議貸款人要跟子女商量好再辦理，以免日後產生糾紛。因此銀行會要求申請人出具「律師諮詢函」，這份文件是為了避免借款人日後過世後，親友質疑當初貸款時的行為能力，主張長輩被騙，而產生許多不必要的糾紛，因此銀行會希望借款人在辦理前，先跟繼承人溝通外，也能在律師公證下簽訂合約。

這位七十三歲的阿嬤，她跟我分享自己辛苦了一輩子，她把自己的財產都處理好，為自己留下這間「以房養老」的房子，現在她平均三個月就去周遊列國，我在寫這篇文章時，她人正在冰島和格陵蘭旅行，她說「以房養老」這個政策真的是銀髮族很大的福音，讓她可以去逐夢，人生沒有遺憾！

翻轉財富的人生練習

Tips

1. 活用房子的價值，活出精彩的人生。
2. 房子必須是完全沒有貸款的房子，且只屬於你一個人，才可以抵押給銀行，適合有房沒有現金的長者。
3. 「以房養老」貸款的利率是採取定期浮動計息的，例如目前是在一個通貨膨脹的年代，利率上升的趨勢明顯，每個月領的錢會隨著貸款利率上揚而縮水。

21 別讓詐騙吃掉你一生的辛勞

最近看了Netflix的爆紅影集《創造安娜》和紀錄片《*Tinder*大騙徒》（*The Tinder Swindler*），這個世界充斥著各種騙術和騙子，騙局從菜市場到華爾街都存在，我們一生中難免遇上，但錢真的很難賺，所以要小心看管，很多理財書都教你要如何賺錢，卻少有人教你如何守成，不淪為騙子的俎上肉。

被騙這件事，好像都是別人的故事，但當發生在自己身上時，就會有很多合理化的藉口，我有一個朋友被騙了八千萬，他不是暴發戶土豪型人物，他是擁有金融業、創投、產業、外商、房地產和股市投資的高手，連他這樣的高手都被騙，問題出在哪裡？他坦言就是著了貪婪的魔。

這是當年相當出名的外銀女經理騙了六十一位名流，總計六十四億元的金融案件，受害人竟然都是投資高手，而多數都是與這位女經理熟識多年的朋友，也就是說騙子濫用別人對她的信任，她告訴我朋友，因為她的職務關係，她有絕佳的投資機會，但這個機會你不要告訴別人，而所謂的機會，就是再簡單不過的，能夠以特定人的身分認購某家公司的現金增資，而承銷價和現金增資價的價差約十三元，換言之，一張可以賺一萬三千元，認購個幾百張，就是幾百萬進帳，看起來很安全，因為她是我朋友認識了快二十年的朋友。

這個個案，每個人都會為自己擁有如此大的特權而保密，而且相信這位女經理絕對不會欺騙你，因為她與先生都是外商銀行的副總裁，遊走於富二代的午餐會和高爾夫球隊，外表光鮮亮麗，小孩念明星學校，一對金童玉女，彷彿是人生的勝利組。她的操作模式也會為了搏取投資者的信任，用挖東牆補西牆的方式，為受害人創造獲利的假象，直到有一天資金流無法再運作下去時，於是東窗事發。

太陽底下沒有新鮮事，隨著社群媒體的蓬勃發展，騙術也要與時俱進，三年前，房地產達人王派宏在YouTube上成立官方頻道，靠著拍宣傳影片教民眾如何投資房地產，除了在網路分享炒房術、如何理財外，他甚至還開班授課，分享自身的理財投資經驗。

這個男版貴婦奈奈王派宏，他在房地產界頗負盛名，他的手法是先以超低價格如兩百元就可以入門聽演講，傳授賺錢的方法，一旦你上鉤後，就會請你加入約四萬元的會員並販賣課程，取得學員的信任後，招攬投資，甚至表示他可以把黃金變成沙，走私黃金到日本和印度，賺取稅務上的價差，更保證為學員創造二〇%至三六%的年報酬率，最後吸金三十六億，人間蒸發，逃到歐洲。

如果你打開王派宏的錄影帶，一個無害的臉龐下，就是靠話術在支撐，而人們不但想賺快錢，而且想不用大腦的賺快錢，所以王派宏的糖衣正好迎合了許多人的胃口，你很難相信這樣一個看起來沒有金融家的 sharp 的面龐，能夠吸金三十多億。

歸納騙局最基本的兩種方式：一是你想要人家的利息，人家要你的本金。

這從當年台灣錢淹腳目，投資公司雨後春筍般的出現，當時的地下投資公司如鴻源、龍祥，都打著高利率的名號吸收了近千億元的游資，參與者拿利息喜孜孜，呷好逗相報，於是當時投資人一起陷入瘋狂的追逐高利下，在一九八八年的地下投資公司逾二百五十家。

地下投資公司是台灣錢淹腳目的產物，一九八八年大學畢業的我，第一份工作竟也成為投資公司的祕書，這些投資公司的吸金方式，他們不會用存款、利息這種傳統的字眼吸金，例如我當時進去的就是貴金屬公司，他們向客人展示黃金，你來公司買黃金，你可以帶回去，也可以留在公司，公司會給你一〇%的利息，聽到這麼高的利息，誰會把黃金領走，於是投資人來公司買的就是黃金存摺，例如公司售出一百公噸的黃金，但公司的保險庫根本沒有這些黃金，他們利用收進來的錢支付前手的利息和業務員高額的佣金，但卻沒有好的投資管道，這些騙子通常只擅長用話術吸金，但卻不知如何運用拿來的錢，因此終有一天會撐不下去。

當時這家貴金屬公司騙民眾寄放黃金，定期支付高額利息，變相吸金兩億元，而主事者最後又逃往日本如法炮製，吸金兩億美元。其實黃金只是媒介，它的本質就是用高額的利息為誘餌，去騙取投資人的本金。

另外一種方式就是騙你去投資，這樣的人通常有個特色，就是他會告訴你他認識很多名人，有很多門路，曾經有個騙子，他的代步車是賓利，打著貝爾實驗室的名號，甚至在看投資案時還會故弄玄虛說「Morris（張忠謀）打電話來，不要講話」，總總的作為只是要讓你相信他是特殊人物，有一天他開口邀你投資時，你會從口袋裡掏錢。

所以你會發現，你的身邊不乏有人買了東森固網股條、雷曼兄弟連動債，持有打著去美國上市的美夢最後變成壁紙的公司，感覺騙子利用台灣人容易相信人的特質，不但在台灣容易生存，且賺很大，在投資的道路上受害者前仆後繼。

在美國念 MBA 時，投資學老師、華爾街的名師第一堂課在黑板上寫下大大的「TINSTAFL」八個英文字，他告訴我們永遠要牢記這個投資的要理。

外國的月亮並沒有特別圓，教授說的是一個大家都知道的道理，「There Is

No Such Thing As Free Lunch」，天下沒有白吃的午餐，There is no such thing as Risk-free，天下也沒有毫無風險的事，但龐式騙局卻不斷的在生活週遭上演，切記！天上掉下來的禮物不會剛好砸到你，好的東西早就在半路被攔截了。

翻轉財富的人生練習 Tips

1. 歸納騙局最基本的兩種方式：一是你想要人家的利息，人家要你的本金；二是騙你去投資。
2. 天下沒有白吃的午餐，天下也沒有毫無風險的事。

22 預立遺囑，完成人生理財的最後一哩路

一位退休的單身女子問我，她辛苦工作一輩子存了一些錢，不是太多，但她不想最後得到她財產的人是感情不佳的兄弟姐妹，她問我該怎麼辦？

我們最常聽到保險規畫師行銷的術語是：「明天和意外，你不知道哪個會先到？」所以人生最後一堂的理財課，就是預立遺囑，透過預立遺囑，可以把你的愛傳下去，確保你愛的人可以分配到你的遺產，也把自己的愛心可以傳承下去。

首先要弄清楚誰可以繼承你的財產：包括法定應繼分、指定應繼分和特留分。法定應繼分是法律上有各繼承人繼承應有的成數，根據民法第一千一百三十八條與第一千一百四十四條，繼承人分「配偶」、「血親」兩種，配偶是當然繼承人，血親繼承順位為子女↓父母↓手足↓祖父母，第一順位的子女、孫子女，包括非婚生子女，領養的小孩，因此子女的繼承權是優先於父母。

法律是冰冷的，像文章一開始那位未婚女子，她沒有配偶，沒有小孩，父母已不在，如果她沒有遺囑指定，未來她的財產就是由第三順位的兄弟姐妹來繼承，法律上的分配並不是如她所願，所以最好的方式是她馬上預立遺囑，可以把她的資產給她想要的繼承人，或是捐給慈善機構，但不能違反特留分，兄弟姐妹的特留分是法定應繼分的三分之一。

預立遺囑聽起來很敏感，很多人會以為那是有錢人的專利，但這是人生最後一哩路的安排真的很重要，有時候家族爭產，對簿公堂多年，可能只要被繼承人生前多花個時間寫好遺囑就能解決。去年我上節目談到這個預立遺囑的話題，來賓中有一位二十五歲的年輕人就已經預立遺囑了，就是有感他的父親走得突然，家族為了財產的分配打了八年的官司，他語重心長的說，只要走上法院，大家都是輸家，他為了他愛的小孩不要重蹈覆轍，他從二十五歲就開始預立遺囑。

遺產的分配從來都不是數學題，沒有所謂的公平，每個人計算的公式不同，有的人說自己是嫡長子，該分配比較多；有的子女說爸媽年老時都是他在扶養，醫藥費都是他出的，所以該取得較多的份額。因此財產的分配，無論從理性和感性都不會有交集，財產無論如何分都是錯，而家人為了遺產上法院，下場往往是兩敗俱傷。

有一位律師朋友，他是從生了小孩之後開始預立遺囑，因為當家庭成員有變化時，繼承人也會產生變化，律師說當他有兩個小孩之後，一旦他發生意外，他年邁的母親是完全拿不到他的遺產，因為在法律上是由他的太太和兩個小孩繼承，因此他要預立遺囑，留一些錢給母親，還有捐贈一百萬給從小到大很照顧他的教會，且怕小孩不認帳，這個部分是採取公證遺囑。

遺囑要怎麼寫才有效？長榮集團總裁張榮發在二〇一六年一月去世，二月張榮發的遺囑公布，那是在二〇一四年預立的遺囑，張榮發的遺囑內容中在財務遺贈的安排是由四子張國煒單獨繼承存款、股票，和不動產，且由張國煒接任集團總裁，一份遺囑的曝光隨即上演家族傳承的風波。

張榮發的遺囑有兩大盲點，一是沒有考慮民法約束，就是民法特留分，保障其他子女的繼承權，二是沒有考慮集團的股權結構，總裁不是公司法上的法定位子，因而造成張國煒出走長榮集團，但張榮發的手寫遺囑法院在二〇二〇年是判定有效，出走的張國煒依然可以繼承一百四十億元的遺產。

張榮發遺囑是屬於哪種形式的遺囑？根據報導，法院依照張榮發病歷資料，證人說詞等，認為張榮發在立遺囑時神智清楚，也有公證人在場公證，張榮發在遺囑密封處、封縫處也都一一簽名，符合「密封遺囑」要件，因此判遺囑有效。

依照民法的規定，遺囑的形式有五種，包括自書、公證、密封、代筆和口授。

自書遺囑是簡單，最方便，又免費，但它的缺點就是不能證明是否是本人寫的，因此不能打字，不能影印，最重要的是在自書遺囑的最後要寫日期，且親自簽名。再強調一次：自書遺囑忘了寫日期，無效！

公證遺囑要指定兩人以上見證人，在公證人前口述遺囑意旨，由公證人筆記，宣讀、講解，經遺囑人認可後，記明年、月、日，由公證人、見證人和遺囑人同時簽名。公證遺囑的優點是真實性不容質疑，但作公證遺囑就是要把資產算清楚，因為需要付公證費，而公證費約是資產的萬分之一。公證遺囑需要留意特留分。

密封遺囑即是不想讓小孩知道，因此要在遺囑上簽名後，將其密封，於封縫處簽名，指定兩人以上之見證人，向公證人提出。

代筆遺囑是由遺囑人指定三人以上的見證人，且見證人必須從頭到尾在場，由遺囑人口述遺囑意旨，使見證人中之一人筆記、宣讀、講解，經遺囑人認可後，記明年、月、日及代筆人之姓名，再由見證人全體和遺囑人同行簽名，律師常作代筆遺囑。

口授遺囑通常是在緊急狀況，特殊情況下才可以用，當遺囑人因生命危急或其他特殊情形，不能依其他方為遺囑者，得依民法第一千一百九十五條方式之一為口授遺囑。因此朋友開玩笑說，登山不能一個人去，在發生山難時有人可以幫你作口授遺囑，且在口說之後要馬上密封，不過這個口授遺囑有執行上的困難。

不要以為遺囑離我們很遠，你不去面對不代表它不會發生，讓我們用法律的手段去達成親友感情的圓滿，拿起筆來吧，把自己當成皇帝在寫遺囑，分配你的資產，把溫暖傳承下去！

翻轉財富的人生練習 Tips

1. 人生最後一堂的理財課，就是預立遺囑，透過預立遺囑，可以把你的愛傳下去。
2. 遺產的分配從來都不是數學題，沒有所謂的公平，財產的分配，無論從理性和感性都不會有交集。

愛　生　活　　0　6　9

翻轉財富的人生練習——全方位理財實踐版

國家圖書館出版品預行編目（CIP）資料

翻轉財富的人生練習——全方位理財實踐版／詹惠珠著.
-- 初版. -- 台北市：健行文化出版事業有限公司出版
：九歌出版社有限公司發行，2023.01
面；　公分. --（愛生活；69）
ISBN 978-626-7207-08-6（平裝）

1.CST: 個人理財 2.CST: 投資

563　　111018127

作　　者——詹惠珠
攝　　影——莊沐衡
責任編輯——曾敏英
發 行 人——蔡澤蘋
出　　版——健行文化出版事業有限公司
台北市 105 八德路 3 段 12 巷 57 弄 40 號
電話／02-25776564・傳真／02-25789205
郵政劃撥／0112263-4

九歌文學網　www.chiuko.com.tw

印　　刷——晨捷印製股份有限公司
法律顧問——龍躍天律師・蕭雄淋律師・董安丹律師
發　　行——九歌出版社有限公司
台北市 105 八德路 3 段 12 巷 57 弄 40 號
電話／02-25776564・傳真／02-25789205

初　　版——2023 年 1 月
初版三印——2023 年 5 月
定　　價——360 元
書　　號——0207069
I S B N——978-626-7207-08-6
9786267207093(PDF)

（缺頁、破損或裝訂錯誤，請寄回本公司更換）